Teologia para todos

Dados Internacionais de Catalogação na Publicação (CIP)
(Câmara Brasileira do Livro, SP, Brasil)

Carias, Celso Pinto
  Teologia para todos : manual de iniciação teológica a partir de seus principais temas / Celso Pinto Carias. 3. ed. – Petrópolis, RJ : Vozes, 2009.

  6ª reimpressão, 2022.

  ISBN 978-85-326-3375-0

  1. Teologia 2. Teologia – Estudo e ensino I. Título.

06-5241   CDD-230

Índices para catálogo sistemático:

1. Teologia cristã : Iniciação : Cristianismo 230

Celso Pinto Carias

Teologia para todos

Manual de iniciação teológica a partir de seus principais temas

EDITORA VOZES

Petrópolis

© 2006, Editora Vozes Ltda.
Rua Frei Luís, 100
25689-900 Petrópolis, RJ
www.vozes.com.br
Brasil

Todos os direitos reservados. Nenhuma parte desta obra poderá ser reproduzida ou transmitida por qualquer forma e/ou quaisquer meios (eletrônico ou mecânico, incluindo fotocópia e gravação) ou arquivada em qualquer sistema ou banco de dados sem permissão escrita da editora.

CONSELHO EDITORIAL

Diretor
Gilberto Gonçalves Garcia

Editores
Aline dos Santos Carneiro
Edrian Josué Pasini
Marilac Loraine Oleniki
Welder Lancieri Marchini

Conselheiros
Francisco Morás
Ludovico Garmus
Teobaldo Heidemann
Volney J. Berkenbrock

Secretário executivo
Leonardo A.R.T. dos Santos

Editoração: Sheila Ferreira Neiva
Diagramação: AG.SR Desenv. Gráfico
Capa: Diogo Müller / José de Almeida Neto

ISBN 978-85-326-3375-0

Este livro foi composto e impresso pela Editora Vozes Ltda.

"A história, que a teologia conta pensando, é a história da entrada de Deus nos assuntos humanos, história da aliança entre o humano ir e o divino vir, entre o êxodo e o advento".

Bruno Forte

À Comunidade Batismo do Senhor, na Diocese Duque de Caxias, Baixada Fluminense, lugar onde tenho celebrado o Mistério de Deus revelado em Jesus Cristo, ao jornal diocesano PILAR, onde escrevi, durante quatro anos, os artigos que deram origem a este livro, e em especial ao irmão na fé Dionésio Pereira da Costa, leigo, operário, que sempre me perguntava quando iria publicar um livro sobre as matérias do PILAR.

Sumário

Introdução geral, 9

I – Introdução à teologia, 13

1.1. Preparando o caminho – Fenomenologia da religião; 1.2. Contextualização histórica da teologia; 1.3. O nascimento da teologia, 1.4. A organização da teologia

II – Bases fundamentais da teologia, 23

2.1. O ser humano como relação; 2.2. O ser humano como ser do encontro; 2.3. O ser humano é uno; 2.4. O problema do mal e do sofrimento; 2.5. Revelação de Deus na história humana; 2.6. Fé cristã: resposta humana à iniciativa amorosa de Deus; 2.7. Salvação: dom gratuito de Deus

III – Caminhando com Jesus Cristo, 37

3.1. O começo da fé em Cristo; 3.2. A figura humana de Jesus Cristo; 3.3. A missão de Jesus Cristo: O Reino de Deus; 3.4. Reino de Deus: dom gratuito e tarefa; 3.5. Reino de Deus: um "projeto de vida"; 3.6. Reino de Deus: sinais de sua presença; 3.7. Morrendo por causa do Reino; 3.8. Na cruz Deus também se revela; 3.9. Ressurreição: confirmação do Caminho de Jesus Cristo; 3.10. Seguindo o Caminho de Jesus Cristo hoje; 3.11. Pelo Espírito Santo continuamos a missão de Jesus Cristo; 3.12. Jesus Cristo nos revela um DEUS COMUNHÃO

IV – Escatologia: refletindo sobre o futuro eterno, 61

4.1. Introdução; 4.2. A realidade da morte no contexto atual da vida humana; 4.3. Refletir sobre a morte apontando para a esperança; 4.4. Superar o medo e o complexo de culpa na morte; 4.5. Morte: encontro definitivo com Deus; 4.6. O purgatório e o inferno; 4.7. Juízo final, ressurreição e céu

V – A Igreja: continuando a missão de Jesus Cristo, 75

5.1. Introdução; 5.2. O cristianismo do início; 5.3. Ser cristão(ã) em tempos de perseguição: do século I ao III; 5.4. A vida e a organização do cristianismo nos primeiros séculos; 5.5. O fim das perseguições e a era constantiniana: século IV; 5.6. A solidificação da doutrina: séculos IV e V; 5.7. Os Santos Padres: os teólogos dos primeiros tempos; 5.8. Da solidificação à expansão: do século V ao XV; 5.9. A reforma protestante; 5.10. A resposta católica: o Concílio de Trento; 5.11. Do Concílio de Trento ao Vaticano II; 5.12. O Concílio Vaticano II (1962-1965); 5.13. A Igreja e o mundo de hoje

Conclusão geral, 101

Introdução geral

Com este pequeno livro queremos oferecer aos leitores(as) uma reflexão teológica que possa servir para comunicar as bases elementares da fé cristã a todos(as) aqueles(as) que buscam o aprofundamento, que buscam "as razões de sua esperança" (1Pd 3,15). Porém, mesmo pessoas que não possuam fé cristã podem usufruir destas reflexões, pois, além da postura ecumênica, o livro procura realizar uma apresentação da proposta cristã que dialogue com o processo cultural atual. Naturalmente será um aprofundamento possível a um determinado limite de espaço e elaborado por um teólogo católico apostólico romano. Mas, a identidade católica é motivo para se encontrar muitos elementos de convergência e não o contrário. Queremos, ao menos, suscitar o gosto pelo pensamento teológico, questionar preconceitos e divulgar uma tradição que está intimamente ligada ao desenvolvimento da fé cristã.

A teologia não pode ficar confinada aos institutos, seminários e faculdades. Obviamente que nem todos os batizados precisam do aprofundamento teológico. Porém, pelo menos em nossa realidade brasileira, existe uma multidão de catequistas, animadores de pastorais, coordenadores, etc., que necessitam articular a sua experiência de fé com a reflexão sobre a fé. O esquecimento desta relação pode trazer consequências danosas para a vida cristã.

Sobretudo depois do Concílio Vaticano II (1965), um número cada vez maior de cristãos(ãs) católicos(as) descobriram a importância de refletir a própria fé, de buscar, como diz a tradição cristã, a "inteligência da fé", e, entre estes, encontram-se os chamados "leigos". Também entre os protestantes, e há mais tempo, existe esta busca. Sem falar, como dizem alguns sociólogos, em certo retorno do sagrado que se constata neste terceiro milênio. É uma exigência do mundo atual. Mundo que corre o risco de cair em superficialidades, pois vem sendo sustentado, de maneira predominante, pela lógica do consumo, da qual nem as religiões, mesmo o cristianismo, escapam. E a Boa-Nova de Jesus Cristo (Evangelho) não pode ser confundida com mercadoria a ser oferecida no mercado. Por isso, precisamos estar atentos(as) aos "sinais dos tempos".

Então, estaremos utilizando este espaço para oferecer um pouquinho de reflexão que nos ajude a construir, cada vez mais, um cristianismo em sintonia com o tempo atual. Certamente não será um espaço de respostas absolutas e inquestionáveis. Mas, insistimos, um espaço de reflexão. O conhecimento não é fruto de mentes privilegiadas e isoladas do contexto social. O conhecimento é uma construção coletiva. Sempre herdamos aquilo que outros já fizeram. Porém, é preciso ter um cuidado pedagógico que procure oferecer a dosagem certa para quem busca o entendimento. E a produção teológica nem sempre tem este cuidado. Encontramos muitos trabalhos de grande envergadura, mas com uma complexidade que dificulta o acesso dos leigos(as); ou trabalhos com grande superficialidade, que tratam o fiel como criança.

Para alcançar o objetivo traçado abordaremos, em cinco capítulos, aquilo que pode ser considerado o núcleo da experiência cristã. No primeiro capítulo faremos uma apresentação introdutória do que é teologia e de como ela se organiza, explicando, rapidamente, a importância do texto que é a sua principal fonte: a Bíblia. No segundo, colocaremos alguns conceitos básicos que são de fundamental importância para entender o cristianismo. Um grande problema para o cristianismo, em nossos dias, é justamente a falta de familiaridade com esses conceitos. No terceiro capítulo faremos uma caminhada com aquele que é a razão principal da existência histórica do cristianismo: Jesus Cristo. No quarto, discutiremos uma questão-chave para todo o ser humano: a morte. E, finalmente, no quinto e último capítulo, faremos uma rápida viagem pela história, buscando identificar nela a fidelidade ao caminho proposto pelo iniciador do cristianismo. A questão central do livro é conduzir a reflexão na direção do Caminho de Jesus Cristo, tão pouco conhecido, apesar de vivermos em um país predominantemente cristão. Ao final de cada capítulo daremos indicações para um possível aprofundamento posterior.

Recomendamos a utilização do livro em cursos básicos de iniciação à teologia em comunidades, paróquias ou dioceses. A partir do fundamento aqui desenvolvido se poderá aprofundar em direções mais específicas, com objetivos próprios de cada serviço ministerial. Pode-se, por exemplo, realizar um encontro para cada capítulo ou outra modalidade que melhor se adaptar a um determinado grupo.

Por fim, é preciso ressaltar que como católico temos ciência da ausência de questões importantes para a nossa tradição, como, por exemplo, os sacramentos e a presença de Nossa Senhora na vida da Igreja. No entanto, além do caráter sintético, o nosso propósito é que o livro possa servir a qualquer corrente cristã. Contudo, como ficará evidente ao longo da leitura, não é possível abrir mão de nossa identidade, pois assim não estaríamos dialogando, mas assimilando acriticamente o outro. É a identidade que garante o diálogo.

I
Introdução à teologia

1.1. Preparando o caminho – Fenomenologia da religião

Antes de iniciarmos a trajetória de apresentação a que nos propomos, gostaríamos de fazer a lembrança de alguns aspectos que merecem atenção de qualquer pessoa que julgue importante a vida em sociedade. Ao longo da história mais recente da humanidade a religião tem encontrado críticas bastante duras, e bem elaboradas, quanto a sua legitimidade e coerência. Críticas como as de K. Marx, S. Freud e F. Nietzsche, têm convencido muitos religiosos. Então, mesmo não pretendendo realizar uma reflexão mais abrangente, convidamos os leitores e leitoras para uma reflexão que será nosso pressuposto para o diálogo.

Observando a natureza com um pouco mais de cuidado, verifica-se que nela, praticamente, não existem problemas sem solução. Os ciclos biológicos se repetem sem questionamentos. No entanto, dentro da natureza existe uma exceção: a pessoa humana. Pode-se afirmar que desde a concepção brotam as interrogações. Logo ao saber da notícia de uma nova vida se iniciam as perguntas: como ela será? O que ele será? Do que gostará? Como educá-la? Por isso, a pessoa humana não está condicionada totalmente pelo biológico, pois é possível modificá-lo. De certa forma a pessoa humana faz o seu próprio corpo. Ela se recusa em ser simplesmente animal. Ela não se adapta pura e simplesmente à natureza. Pode-se concluir, então, que o ser humano é essencialmente criador.

Ora, o processo de recusa ao conformismo em relação à natureza é que levou toda humanidade à construção da chamada cultura (conjunto de sentidos, significações, valores e padrões incorporados na estrutura vital de um determinado grupo humano). O ser humano construiu casas, plantou jardins, inventou músicas e festas. Percebeu-se como ser que chora e ri, que ama e odeia, que tem virtudes e defeitos. Um ser que é capaz de sentir dor e sofrer pelo fato de estar longe da pessoa amada: a saudade. Um ser que muitas vezes, para dizer que ama, precisa de uma linguagem que não saia diretamente de sua voz, como quando se dá um buquê de flores a alguém que se ama.

Lentamente o ser humano percebeu que não basta sobreviver. A construção da cultura revela que o homem é um ser de desejo, que sente ausência e precisa preenchê-la de alguma maneira. Porém, nem mesmo a cultura esgotou os seus anseios, não realizou plenamente os seus desejos. Então, para *celebrar* a ausência o ser humano fabrica sinais e símbolos. Para preencher as lacunas que a cultura e o conhecimento não ocuparam. Para dar um sentido que a pessoa humana não consegue experimentar em outras esferas da vida. E é aqui, na teia dos sinais e dos símbolos, que nascem as religiões. Brotam os templos, os altares, os livros e lugares para celebrar a esperança do homem e da mulher que querem superar os seus limites. Brotam os cultos, os ritos e mitos, pois os sinais e os símbolos passam a narrar uma experiência de sentido.

Portanto, as religiões são construídas pelos símbolos que os seres humanos usam. O discurso religioso quer transformar a realidade bruta numa realidade de sentido. É esse o papel dos símbolos: responder à necessidade de viver em um mundo que faça sentido. Relembrar a vontade de viver. Basicamente, este é o princípio, o fundamento das religiões, inclusive a cristã. E é interessante observar que o cristianismo foi receptivo a uma herança simbólica muito diversificada. Recebeu influência hebraica, grega e romana. E, a cada lugar em que se instala, o processo se repete, como entre nós brasileiros, cuja contribuição dos povos indígenas e dos africanos não pode ser omitida. Assim, a realidade dos símbolos tem enorme importância para a estruturação das religiões na humanidade.

No entanto, com isso não estamos querendo reduzir o cristianismo a uma experiência inteiramente projetada pela mente humana. Estamos querendo ressaltar que, mesmo se fosse assim, ele já teria valor, pois, como veremos, a proposta cristã é intrinsecamente humanizadora. Erros cometidos pelas instituições que representam a proposta cristã não a desqualificam, pois na vida humana seria preciso desqualificar quase tudo, pois do ponto de vista sociológico as instituições são parte integrante de nossa organização social. Certamente que elas não são absolutas. Mas, mesmo um grupo perdido em uma ilha deserta precisará se organizar para sobreviver. Precisará distribuir tarefas e serviços. É óbvio que poderá haver erros e desumanizações, mas isto não significa que se pode viver sem instituições. Portanto, convidamos os leitores e leitoras para que, se por acaso não forem cristãos, possam ler o livro com um olhar capaz de perceber o positivo. E até as pessoas mais críticas ligadas ao cristianismo possam também não se envergonhar de compartilhar este caminho.

1.2. Contextualização histórica da teologia

Sabemos que o cristianismo tem um berço judaico. Jesus Cristo e os seus primeiros seguidores eram judeus. Maria era judia. No entanto, sobretudo depois da conversão de Saulo (Paulo), o cristianismo começa a se espalhar. E, como a região dos primeiros cristãos era controlada pelo Império Romano, a missão de difusão da mensagem de Jesus Cristo se configurou, com mais força, nas fronteiras deste império. Assim, foi necessário ao cristianismo dos primeiros tempos um aprendizado de convivência com outras culturas.

No contexto descrito acima havia a predominância, na época, do modelo cultural grego como a cultura do saber, mesmo estando administrativamente controlado pelos romanos. Então, lentamente, o cristianismo vai se desligando de uma mentalidade exclusivamente judaica e vai assimilando outras mentalidades. É neste contexto que nasce a teologia. A palavra é de origem grega (*Teo*: Deus / *Logia*: estudo), o estudo de Deus. Os filósofos gregos utilizam a palavra no sentido de teologia natural, isto é, sem revelação.

No entanto, o uso que os pensadores gregos davam à palavra *teologia* era restrito ao campo de articulação das ideias filosóficas. No cristianismo a palavra começa a entrar também no âmbito filosófico. Contudo, com o caminhar da história, na busca do aprofundamento do ser cristão dentro de um contexto diferente do judaico, querendo responder às perguntas que a nova realidade provocava ao conteúdo cristão, a palavra começou a ser aplicada a um tipo de reflexão que justamente se caracterizava pela unidade entre inteligência e experiência de Deus. Foi Orígenes, um dos primeiros pensadores da tradição cristã, que morreu por volta do ano 253, quem usou, pela primeira vez, a palavra aplicada ao conhecimento do Deus de Jesus Cristo.

Aos poucos, estimulados pelo confronto cultural, a reflexão cristã foi tomando uma estrutura própria, diferenciada da filosofia. E foram surgindo aqueles que se dedicavam mais a tal reflexão: os teólogos, que, em sintonia com o caminhar da Igreja, procuravam oferecer a melhor maneira de expressar a vivência da fé em um determinado tempo e espaço. Assim aconteceu, por exemplo, com Santo Agostinho (354-430), o principal formulador da doutrina do pecado original. Também com Santo Tomás de Aquino (1225-1274), que produziu uma grande síntese chamada Suma Teológica.

Mas, a teologia é fruto da ação da Igreja no mundo, por isso tem grande importância às reflexões coletivas como os concílios, grandes reuniões onde a Igreja aprofunda uma ou mais questões pertinentes à vida de fé, e que recebem o nome da cidade onde são realizados. Na história cristã se pode destacar, entre muitos, os seguintes concílios: o de Jerusalém, quando a Igreja do início discutiu a abertura para o mundo "pagão" (conferir os capítulos 13, 14 e 15 dos Atos dos Apóstolos); o de Calcedônia (451), quando se definiu, de forma dogmática, que Jesus Cristo é verdadeiro Deus e verdadeiro homem; o de Trento (1545-1563), quando a Igreja procurou se reorganizar diante da reforma protestante e da decadência do clero medieval; e, mais próximo de nós, o Concílio Vaticano II (1962-1965), quando a Igreja procurou superar a visão de Trento e dialogar com o mundo moderno. Estes concílios serão alvos de reflexão posterior em nosso livro.

Assim, pode-se perceber que a teologia possui uma longa história. Para tentar saber o que ela representa hoje e descrever o seu papel e significado é preciso ter em mente ao menos um pouco desta história.

1.3. O nascimento da teologia

O ponto de partida da teologia cristã é a fé. Fé que o cristianismo do começo cultivou a partir do encontro com a vida, mensagem, paixão e ressurreição de Jesus Cristo. E o anúncio deste encontro com a totalidade da vida de Jesus Cristo foi chamado de *Querigma*. Portanto, a fé cristã é fruto de uma experiência histórica, na qual um grupo de pessoas, inicialmente judeus, foi transformando a sua vida e mudando maneiras de pensar e agir em sociedade. Este grupo é o que foi chamado de *comunidade primitiva* (nós chamaremos de comunidade do início), aquela narrada pelo Novo Testamento, sobretudo pelos Atos dos Apóstolos.

À medida que o tempo foi passando, o cristianismo do início sentiu a necessidade, diante dos desafios da história, de aprofundar cada vez mais a fé, como diz a carta de Pedro: "...antes, santificai a Cristo, o Senhor, em vossos corações, estando sempre prontos a dar razão da vossa esperança a todo aquele que vo-la pede" (1Pd 3,15). A fé na ressurreição de Jesus Cristo não apagou a necessidade de viver humanamente o ciclo da história com todos os seus desafios. Por isso, no interior do encontro da vida concreta com a fé em Jesus Cristo, surge a necessidade de buscar a *inteligência da fé*. De promover o aprofundamento, de buscar manter fidelidade à proposta do missionário do Reino: Jesus Cristo.

Assim, podemos afirmar que desde o Novo Testamento encontramos o início do que com Orígenes vai ser chamado de teologia. Uma teologia fonte, pois é a partir da reflexão neotestamentária que a comunidade eclesial desenvolveu e desenvolve a reflexão teológica. A Palavra se tornou a chave pela qual se abre todas as portas do caminho de justificação da comunidade eclesial em relação à sociedade na qual está inserida.

Teologia, portanto, é uma reflexão sistemática, organizada, metódica, que parte da fé e a ela pretende voltar. Voltar para que a fé não se transforme em alienação ou falsa esperança. A teologia possui a missão de servir à Igreja no propósito de garantir um projeto de evangelização que sempre esteja em sintonia com o projeto de Deus, revelado por Jesus Cristo, no amor do Espírito Santo: o Reino de Deus. Humildemente, a teologia procura lembrar, ao falar sobre Deus, que é muito maior do que qualquer conceito teológico, qual é o papel do cristianismo em relação à vida eclesial e ao mundo. Mundo que é caminho necessário para o ser humano encontrar Deus. Vamos, então, olhar um pouco mais de perto como a teologia organiza o seu sistema de reflexão.

1.4. A organização da teologia

A teologia é uma reflexão sistemática, isto é, exige uma organização teórica, mesmo que tenha como objetivo refletir sobre a fé e enriquecê-la. Hoje muitos teólogos(as) afirmam que a teologia se encontra em crise, assim como muitas outras áreas do conhecimento humano, pois o contexto moderno/pós-moderno tem forçado a reformulação da estrutura do saber. É a questão metodológica, ou seja, como fazer teologia levando em consideração todo o desenvolvimento da inteligência humana. Contudo, esta é uma questão complicada, mas como a teologia é, sobretudo a católica, um saber tutelado pelo Magistério (as autoridades eclesiásticas), faz-se necessário tomar consciência das dificuldades de elaborar uma reflexão quando a inteligência teológica é prisioneira de modelos superados. E a admissão de outros modelos não leva, necessariamente, a diminuir ou dificultar a experiência de fé. Estamos fazendo menção a tal dificuldade para que o(a) leitor(a) compreenda a importância de participar, ativamente, do processo. Hoje não basta repetir os manuais do passado. É preciso construir o conhecimento teológico e não simplesmente repeti-lo.

Porém, não é nossa proposta abordar as questões complexas levantadas acima. Apenas pontuamos para que o(a) leitor(a) possa ter uma ideia do estado da questão. Vamos apresentar, de modo resumido, como a teologia se organiza hoje para dar continuidade ao propósito deste livro.

A teologia está dividida em duas grandes áreas, desdobradas em vários tratados, estudados, predominantemente, ao longo de quatro anos. Uma primeira chamada de **teologia bíblica** e a segunda é a **teologia sistemática**. Obviamente que as duas estão interligadas, uma precisando da outra. A teologia bíblica, por sua vez, necessita de uma área específica que se chama **exegese**. O exegeta vai ser o teólogo especialista na Sagrada Escritura em questões específicas como: a linguagem na qual a Bíblia foi escrita, o contexto histórico e literário de sua redação, métodos que favoreçam a interpretação, etc. Contudo, a teologia bíblica não se resume no trabalho de investigação exegética. Ela é responsável também por alargar os horizontes de interpretação (chamada de hermenêutica) e ajudar a teologia como um todo a ter um posicionamento coerente com a fonte da fé. Para isso, divide-se, em geral, a Bíblia em partes, estudadas ao longo de um determinado período, pois não é possível estudar livro por livro. Por exemplo, no Antigo Testamento se pode estudar em bloco o Pentateuco (os cinco primeiros livros: Gênesis...) e a literatura profética; no Novo Testamento se pode estudar os sinópticos (Mateus, Marcos e Lucas), os escritos paulinos, os joaninos e as cartas católicas.

A teologia sistemática, sempre fundamentada nos estudos bíblicos, vai ser a parte da teologia responsável por narrar a história dos dogmas, da doutrina, procurando, ao mesmo tempo, atualizar o conteúdo. Ela, como o nome diz, sistematiza, isto é, organiza a tradição da fé através das estruturas que identificam o cristianismo como tal. Para isso ela se divide em tratados fundamentais como: antropologia, teologia (o estudo do ser humano à luz da tradição humanista do judaísmo e do cristianismo), cristologia (o estudo sobre Jesus Cristo), eclesiologia (o estudo sobre a Igreja), a trindade, a escatologia (o estudo de questões como a morte e a eternidade), etc.

Além das duas grandes áreas, a teologia precisa se cercar também de outras formas do saber. O estudo da história, sobretudo da história da Igreja, não pode faltar. Não pode faltar uma boa fundamentação filosófica, pois a linguagem teológica é devedora, em grande parte, de conceitos filosóficos. Mas, também não pode faltar uma aproximação com as ciências humanas e sociais atuais como a psicologia, a economia e, sobretudo, a sociologia. E ainda se faz necessário perceber a vinculação pastoral dos tratados, e esta não é uma questão secundária como alguns teólogos afirmam. A pastoral e a experiência de fé são os lugares de verificação das reflexões teológicas. Querer separar, em teologia, a experiência da produção teórica seria como pretender separar a sociedade do estudo sociológico.

É importante ressaltar ainda o modo como se devem abordar os textos bíblicos. O cristianismo tem como ponto de partida na Bíblia o fato de ser ela um texto inspirado por Deus. Contudo, a inspiração não retira dela o caráter processual de confecção humana. Hoje, mais do que nunca, deve-se ter consciência de que não existe oposição entre os relatos bíblicos e as ciências. E a questão de fundo é bem simples: a Bíblia tem como objetivo narrar uma *verdade de fé* importante para o sentido da vida daqueles que fazem a experiência do encontro com Deus e acreditam que Ele é o responsável por tudo o que existe; a ciência busca, com metodologias próprias, verificar como acontecem as coisas; ela não busca, diretamente, o sentido da vida.

É preciso ter cuidado para não cair em atitudes fundamentalistas, isto é, tomar a Bíblia ao "pé da letra". A letra é instrumento da cultura humana que serve de veículo para a inspiração de Deus. O fundamentalismo é uma atitude perigosa. Esta atitude pode conduzir a justificativas de verdadeiras aberrações com a Bíblia. E hoje, diante das descobertas científicas do mundo moderno, também se pode ter uma atitude preconceituosa com a Bíblia, como considerar suas afirmações como absurdas e portanto sem razão para lhe dar crédito. É preciso ter consciência do aspecto simbólico de muitas narrativas. Quando, por exemplo, o Gênesis afirma que o mundo foi criado em 7 dias não se está fazendo uma afirmação cronológica, mas se está afirmando que, para o povo de Israel e todos os que seguiram o mesmo fundamento, Deus é o criador perfeito de todas as coisas. Não importa se a criação tenha levado 7 dias ou 7 bilhões de anos, se é criacionismo ou evolucionismo. Importa, para quem crê, que Deus é o criador.

O que foi dito acima é importante para a continuidade de nossa reflexão, pois a abordagem levará em consideração tal consciência. Quando, por exemplo, for apresentado o mistério de Deus revelado em Jesus Cristo, teremos como "pano de fundo" a perspectiva das construções simbólicas do texto bíblico. Construções que não desmerecem em nada o seu valor.

Sugestões bibliográficas

Para uma iniciação ao fenômeno religioso recomendamos o belo livro de Rubem ALVES: *O que é religião* (São Paulo: Loyola).

Para uma apresentação geral da teologia recomendamos o livro de Evangelista VILANOVA: *Para compreender a teologia* (São Paulo: Paulinas, 1998).

Uma abordagem mais específica pode ser encontrada no livro de Clodovis BOFF: *Teoria do método teológico – Versão didática* (Petrópolis: Vozes, 1998).

E para uma visão geral da Bíblia recomendamos o livro de Carlos Frederico SCHLAEPFER, Francisco OROFINO e Isidoro MAZZAROLO: *A Bíblia: introdução historiográfica e literária* (Petrópolis: Vozes, 2004).

II
Bases fundamentais da teologia

Neste capítulo apresentaremos dois fundamentos importantíssimos para a teologia. O primeiro diz respeito à concepção de pessoa humana que se pode extrair da tradição judaico-cristã, base fundamental para contextualizar a fé. É o que em teologia se chama de antropologia teológica. O segundo é a construção elementar de três conceitos-chave no cristianismo: revelação, fé e salvação. Este segundo diz respeito ao tratado chamado de teologia fundamental.

2.1. O ser humano como relação

Antes mesmo de falar de Deus, é preciso ter consciência de nossa própria realidade humana. Cada vida humana é um emaranhado complexo de relações. E se não possuirmos certo equilíbrio fica difícil realizar uma experiência de fé em Deus que nos realize dentro de nossa humanidade. Mesmo sabendo que Deus nunca nos abandona, faz-se necessário possibilitar sempre mais as condições para realizar certa aproximação experiencial de Deus. É como diz um velho jargão teológico: "a graça supõe a natureza". Assim, quanto mais equilibrada for a nossa experiência humana, melhor condição se terá para caminhar na direção de Deus.

O leitor e a leitora podem achar estranho que para falar de Deus primeiro se fale do ser humano. Mas, como Deus se revela? Como Ele toma a iniciativa de mostrar ao ser humano que nele está o sentido absoluto da vida? Deus, ao criar, não cria outros deuses, mesmo tendo criado o ser humano (homem e mulher) a sua imagem e semelhança. Existe uma diferença entre o humano e Deus. E, quando existe diferença, é preciso estabelecer um acordo de comunicação, é preciso escolher mediações. Mediação é aquilo que liga uma realidade a outra. Portanto, para chegar a Deus precisamos de mediações. Ora, mesmo tendo clareza de que Jesus Cristo se tornou a grande mediação salvífica, na realidade da história humana a mediação para encontrar Deus é o próprio ser humano, pois justamente ele é imagem e semelhança: "Se alguém disser: 'Amo a Deus', mas odeia o seu irmão, é um mentiroso" (1Jo 4,20). Mas, quem é o ser humano?

Diferentemente do conjunto de todo reino animal, o ser humano é o único ser capaz de modificar a trajetória determinada pela natureza. É o único animal que tem consciência de si, e, por isso, é um ser caracterizado pela reflexão no interior do seu meio social. A pergunta sobre as coisas e sobre sua própria realidade faz do ser humano um ser em contínuo aprendizado. A cada novo momento homens e mulheres estão construindo sua trajetória. O poeta já assinalava: "Mas que coisa é o homem. Que há sobre o nome: uma geografia?" (Carlos Drummond de Andrade).

Dentre as tantas perguntas que o ser humano faz uma se destaca: a pergunta que diz respeito a si mesmo – *Quem é o ser humano?* Podemos afirmar que a resposta a tal pergunta é um pressuposto fundamental para determinar a sua trajetória. O que significa ser pessoa humana? Quem sou eu? De onde vim? Para onde vou? É uma situação de constante crise. A palavra *crise*, etimologicamente, quer dizer cortar, separar. Então, constantemente, o ser humano percebe que precisa *cortar* algumas coisas de sua vida e acrescentar outras. É o ser da *dúvida* (duas vidas). É a busca pelo o que podemos chamar de sentido da vida. Sentido procurado a todo o momento. Não há ser humano que não tenha um, qualquer um, pois a recusa de um sentido é o suicídio direto ou indireto.

Na procura de um sentido para a vida o ser humano esbarra consigo mesmo e, principalmente, com os outros. Necessariamente, para encontrar respostas é preciso ter consciência de que a identidade humana é configurada pelo conjunto de relacionamentos que o ser humano trava desde a infância. A identidade humana só existirá se existir, ao mesmo tempo, outros humanos a oferecer algo de si aos outros (mãe, pai, irmão, parente, amigo, enfim, sociedade). É interessante observar as famosas lendas onde o ser humano é identificado com outros animais (Tarzan, o Menino Lobo, etc.). Nelas a identidade é determinada pelos animais que tiveram o papel de socializar tais personagens. Por isso, podemos afirmar que o ser humano é, intrinsecamente, um ser de relação. Então, caro(a) leitor(a), se quisermos conhecer e encontrar Deus, temos que aprender a nos *relacionar* como seres humanos. Temos que criar possibilidades de se encontrar com os nossos parceiros de humanidade.

2.2. O ser humano como ser do encontro

Não há, na estrutura humana, como já foi salientado, qualquer possibilidade de existência abstrata. E isso é necessário para encontrar Deus. É irreal pensar o ser humano fora do contexto social. O ser humano é sempre um ser que coexiste. Isolado ele não se humaniza. A minha humanidade implica a humanidade do outro. Não existe possibilidade de liberdade plena no reino humano, pois o outro é sempre um espelho para mim. Nele eu me reconheço e sou reconhecido. A natureza humana, portanto, é solidária e não solitária. O ser humano é, consequentemente, o ser do *encontro*.

É bom lembrar que individualidade é um dado fundamental na existência humana, pois é cada um que faz o processo de socialização. A existência humana é determinada pelo histórico-social e também pelo pessoal. Mas, o individualismo é um *câncer* que mata o conjunto da existência humana, pois os seres humanos precisam uns dos outros e, juntos, precisam de harmonia com o conjunto da natureza. O individualismo leva, por exemplo, à apropriação da natureza. Apropriando-se da natureza, indevidamente, o ser humano reduz as possibilidades de vida, de vida em todos os sentidos. Por isso, é fundamental ao ser humano se abrir para o encontro consigo, com outros, com a natureza, e, consequentemente, com Deus. É preciso permitir o encontro para se humanizar. É preciso olhar, escutar e falar humanamente. Criar sensibilidade pelo conjunto da existência com todas as implicações que isto acarreta. E, assim, abrir espaço para Deus.

Porém, o ser humano é um ser finito com aspirações ilimitadas para a sua realização. É um ser finito que não se conforma com a sua finitude (a morte). Então, no seu processo de busca ele nem sempre consegue o equilíbrio. Na procura da *imortalidade* muitas vezes acontece o esquecimento da solidariedade inerente à condição humana e aí a desumanização acontece. E a fonte da desumanização no cristianismo é chamada de *pecado*.

Mas, durante toda a existência humana, vem se realizando um grande esforço de tematizar aquilo que é o melhor para a vida. É o que os gregos, por exemplo, chamaram de filosofia (amor pela sabedoria). É a procura da melhor interpretação do sentido da vida. E, neste caminho, as respostas se multiplicaram. Forjando a cultura, isto é, o conjunto dos sentidos e valores de um determinado povo, os seres humanos foram detalhando sua maneira de ver o mundo, de tentar entendê-lo, de explicar as diversas realidades (o mal, o sofrimento, a dor, por exemplo). Foram detalhando maneiras diferentes de descrever os sentidos, o que determinou ideologias diferentes. Ideologia pode ser explicada, entre outras coisas, como um modo próprio de interpretar e conduzir a realidade na qual um grupo humano se encontra e de orientar a sua ação a partir dessa explicação. E assim, ao longo de sua história, no passado e no presente, e também no futuro, o ser humano vai continuar buscando a justificativa última de sua existência.

Portanto, como se pode perceber, a relacionalidade carrega também um alto grau de complexidade, sendo necessário um profundo discernimento sobre a própria existência. Sem este grau de responsabilidade a vida humana corre o risco de uma concorrência destruidora. É justamente aí que se inscreve a origem das religiões. As religiões se constituíram como o espaço sagrado no qual o sentido da vida é celebrado por um determinado grupo humano. Porém, como tudo na vida humana, as religiões correm o risco de estar a serviço da desumanização, pois na ânsia da procura a vida humana esbarra nas dificuldades que todo e qualquer ser humano encontra para achar uma resposta para o sentido da vida. Uma resposta que seja capaz de manter o equilíbrio e a harmonia com o conjunto da natureza. É aqui que a reflexão sobre o ser humano, à luz do projeto de Jesus Cristo, inscreve o seu papel: tentar orientar os(as) cristãos(ãs) a viver humanamente neste mundo em direção à plenitude da vida, fazendo o caminho como um ser único.

2.3. O ser humano é uno

Vimos que o ser humano é relação, isto é, necessita sempre do outro para construir sua identidade. Vimos também que esta relação se realiza no encontro. Somente na abertura a si, ao outro, à natureza, e, consequentemente, a Deus, é que a pessoa humana cria condições para constituir-se como imagem e semelhança de Deus. E é olhando, escutando e falando humanamente que isso pode acontecer. Mas, posso olhar, escutar e falar querendo que o outro se transforme na minha imagem e semelhança. É o pecado que invade o nosso ser e nos desumaniza. Pecar é caminhar para desumanização. É bom frisar que, fundamentalmente, o pecado não deve tomar uma conotação exclusivamente moral, e sim como uma atitude que vai em direção contrária do projeto de Deus. Projeto que se tornou mais evidente para nós em Jesus Cristo, como será visto em outro capítulo.

Quando somos capazes de viver a nossa humanidade de acordo com o projeto de Deus criamos maiores condições para superar o pecado em nossas vidas. Contudo, nem sempre as condições históricas de formação da cultura humana nos capacita a ir no caminho do projeto de Deus. Muitas vezes até nos iludimos com determinadas compreensões do ser humano que não vão em direção daquilo que nos apresenta a Sagrada Escritura. E uma ilusão bastante forte em nosso meio, inserido na história do Ocidente a centenas de anos, é o dualismo platônico entre corpo e alma. Por isso, faz-se necessário sempre retornar ao modelo bíblico de pessoa humana.

Deus, ao criar, fez homem e mulher a sua imagem e semelhança (Gn 1,26s), com uma única vida que caminha para a plenificação através do encontro definitivo que se dá na morte. No Antigo Testamento a unicidade humana está bastante evidente, pois para o povo judeu o ser humano é único. No entanto, o advento de Jesus Cristo, com a respectiva inculturação (introduzir um valor na raiz de uma cultura) de sua mensagem no mundo grego, obrigou a comunidade cristã do início a falar do advento pascal com conceitos da cultura predominante na época (grega, também chamada de helênica). Ora, por influência de grandes pensadores, sobretudo um, chamado Platão, esta cultura acabou por definir o ser humano como um composto de duas partes: corpo e alma. Sendo que a alma seria superior ao corpo, é o dualismo platônico.

A esta altura o(a) leitor(a) pode perguntar: mas qual o problema na afirmação do ser humano como corpo e alma? Falar de corpo e alma como dimensões de uma **única** vida dada por Deus que continuará na eternidade não é problema. Foi isso que os primeiros cristãos fizeram, sobretudo Paulo. O problema é quando se cai na hierarquização da alma sobre o corpo, levando a considerar o corpo como o princípio de todo mal. Isto levou, historicamente, à constituição de religiosidades e práticas religiosas que não estão de acordo com a visão bíblica, chegando, inclusive, à autoflagelação. Levou à compreensão, por exemplo, da sexualidade, já que esta tem uma forte dimensão corporal, como má. Levou a uma forte separação entre o que é material e o que é espiritual, consequentemente, entre fé e vida, ação e oração, etc., criando uma fácil justificação do pecado, já que este, na perspectiva dualista, só se refere ao corpo, e não ao ser humano por inteiro.

Hoje, no cristianismo, o trabalho eclesial e a experiência religiosa ainda recebem a influência de tal concepção (o dualismo), mesmo que a tradição cristã nunca tenha caído em um dualismo radical. Por isso, é necessário, em nossos dias, retomar uma espiritualidade que mantenha a unidade da vida. Somente mantendo uma visão integral do ser humano, onde a dimensão corporal está unida à dimensão espiritual, é que seremos capazes de encontrar o caminho de humanização na direção do encontro definitivo com Deus, aquele do qual somos **imagem e semelhança**. Mas, não seria esta uma visão muito otimista? Não estaríamos apontando para um ser humano ideal que não existiria na realidade? Por isso, precisamos ainda refletir sobre o problema do sofrimento.

2.4. O problema do mal e do sofrimento

Onde se encontra o ser humano criado à imagem e semelhança de Deus? Após refletir sobre a valorização do ser humano na obra da criação, pode parecer que depositamos um otimismo exagerado na pessoa humana. Pode parecer esquecimento da complexidade e ambiguidade do mundo, onde a dor, o sofrimento, a injustiça, o mal e o pecado possuem grande influência. Não esquecemos. A questão é: como devemos encarar os limites humanos no contexto de uma criação boa de Deus?

A angústia diante do sofrimento e da realidade do mal no mundo, sobretudo quando não se encontra alguma justificativa para explicar o sofrimento de alguém (ex.: "está pagando o mal que fez"), tem acompanhado o ser humano, podemos afirmar sem medo de errar, desde tempos mais distantes. Na Bíblia o livro do Gênesis possui 11 capítulos sobre isto. Temos também na Sagrada Escritura o livro de Jó. Em toda história da Igreja encontraremos alguém preocupado com esta questão. Santo Agostinho, por exemplo, que formulou a doutrina do pecado original tendo esta preocupação de fundo.

No entanto, no cristianismo, a grande revelação sobre como devemos encarar a dor, o sofrimento e o mal, está na cruz de Jesus Cristo. Porém, não é a hora ainda de abordar este caminho. Queremos apenas indicar, por enquanto, que na própria constituição humana existe os elementos para enfrentar tal desafio.

O ser humano é limitado, mesmo tendo aspirações ilimitadas. Nós não nos conformamos em apenas sobreviver. Queremos sempre mais. Nunca estamos satisfeitos. Mas, é bom lembrar que não somos deuses. Imagem e semelhança não é igualdade. A busca da igualdade com Deus é o pecado dos pecados, como narra o Gênesis: querer dominar, comendo o fruto proibido da árvore do conhecimento do bem e do mal, foi o pecado que marcou e continua marcando toda humanidade. E o pecado não deixa perceber que a questão fundamental não é o sofrimento, e sim quais as condições humanas para enfrentá-lo.

Com os olhos fechados pelo pecado, introduzimos no mundo o mal. Introduzimos o mal na ânsia de, utilizando o poder da inteligência, querer ocupar o lugar de Deus. Assim, criamos uma rede de distribuição do mal, uma concorrência na procura de estarmos acima de tudo e de todos. É o ser humano, e não Deus, o autor do mal. O mal não é sofrer. O mal não é ver uma criança sofrendo. O mal é não sermos capazes de nos ajudar diante da dor e do sofrimento. Não sermos capazes de reconhecer que o caminho humano é a busca constante de superação de si mesmo, pois isto nos capacita para o encontro definitivo com Deus.

Irmãos e irmãs, ninguém tem uma resposta definitiva em face da dor e do sofrimento. Porém, podemos ter certeza de uma coisa: Deus não é um carrasco, ou sádico que nos quer ver sofrer. No entanto, se somos a sua imagem e semelhança, certamente deve existir algo no sofrimento que esteja próximo da própria realidade de Deus. E, pela criação livre de Deus, somos convidados(as) a reconhecer, em nós mesmos, a capacidade de ir ao seu encontro, mesmo no meio da dor. Não façamos da não explicação de tal realidade humana um pretexto para causar sofrimento aos outros introduzindo o mal para aliviar o meu sofrimento, não reconhecendo que esta é uma escolha de destruição de si e do mundo criado.

Assim, terminamos a reflexão sobre o ser humano e Deus. Certamente falta muita coisa. Contudo, a nossa intenção é dar apenas algumas pistas, para assim podermos mergulhar melhor naquilo que Deus nos revela através da fé e do caminho da salvação.

2.5. Revelação de Deus na história humana

Tendo compreendido um pouco quem é o ser humano criado por Deus, passaremos a refletir sobre como este mesmo Deus se mostra na obra da criação ao homem e à mulher criados à sua imagem e semelhança. É preciso verificar como se dá a iniciativa divina de não abandonar a humanidade em sua fragilidade. Não é uma tarefa fácil, pois os conceitos, os termos, as palavras que serviram de base para a formulação da teologia fundamental foram estruturadas em uma linguagem muito distante de nosso ambiente cultural atual.

Queremos lançar um pequeno facho de luz para a compreensão do processo no qual o ser humano percebe a manifestação de Deus em sua história. Assumiremos aqui o caminho do teólogo holandês E. Schillebeeckx, em sua obra *História humana, revelação de Deus*. O teólogo faz uma proposta metodológica que muito nos ajuda na compreensão do conceito *revelação* diante do paradigma cultural atual. Ele constata a necessidade de inversão do velho adágio "Fora da Igreja não há salvação" para "Fora do mundo não há salvação", a fim de proporcionar uma reflexão mais coerente com o Novo Testamento e, ao mesmo tempo, com a realidade da história humana moderna. Vamos colocar algumas pistas para tentar entender a seguinte questão: o que é revelação de Deus? E para não ficar com uma compreensão mágica da revelação de Deus é preciso esclarecer algumas coisas.

Estamos acostumados a pensar, por causa de uma leitura fundamentalista dos textos bíblicos, isto é, ao "pé da letra", que a revelação de Deus acontece de forma direta, sem mediação. Deus escolheria uma pessoa ou povo para quem comunicaria, diretamente, como se utilizasse um "telefone divino", a sua vontade. Na Bíblia, por exemplo, Deus teria ditado no ouvido dos redatores o que deveria ser escrito, sem nenhuma intervenção da cultura humana. Ora, Deus não criou *bonecos* para brincar, criou seres humanos com liberdade, com capacidade de decidir, como já fizemos menção. O fato de ser à sua imagem e semelhança não significa que podemos prescindir de nossa estrutura humana para compreender o criador e sua vontade para nós.

É preciso levar em consideração que quando nos referimos a Deus usamos linguagem humana e não divina. Alguém conhece o idioma de Deus? Teria Deus privilegiado uma cultura para expressar sua vontade? Todas as nossas imagens de Deus são imperfeitas, são aproximações da realidade de Deus e não Deus integralmente. Quando assumimos, por exemplo, que Deus é Pai, como o próprio Cristo nos mostrou, deve-se ter em mente que Ele não é pai como nós somos pai. Até mesmo uma das melhores definições de Deus, que encontramos em 1Jo 4,16 (Deus é amor), não esgota tudo o que seja Deus, pois o amor de Deus não é como o nosso amor. Embora todas essas expressões contenham uma verdade sobre Deus, essas expressões não podem ser confundidas com Deus em si mesmo, pois o nosso saber é estruturado pela capacidade humana de organizar o pensamento e não pelo modo divino.

Vamos dar um exemplo para entender melhor o que acabamos de afirmar. Quando nos referimos a Luiz Alves de Lima e Silva (o Duque de Caxias, herói brasileiro), referimo-nos a alguém real, mas que foi apresentado na história com conceitos e informações disponíveis aos narradores. Ora, nem sempre os mesmos conseguiram ser fiéis na apresentação daquele Luiz que viveu no Brasil no século XIX. Hoje sabemos que durante a guerra do Paraguai o famoso "pacificador" foi responsável por verdadeiras chacinas. Assim, em torno da imagem de um "herói" existem fatos reais e fatos projetados de acordo com os interesses de quem quer passar a mensagem. Se os interesses forem humanizantes o bem poderá ser construído, mas podem carregar uma ambiguidade que gere atitudes desumanas.

O que foi dito acima serve para percebermos a dificuldade de expressar exatamente aquilo que seja Deus e sua vontade, pois não deixamos de ser humanos quando tentamos compreender a direção que Deus tem para nós. Tudo o que somos, e como somos, entra na compreensão de Deus. Então, para dizer quem é Deus e como Ele se revela é preciso assumir a história humana, é preciso valorizar o mundo, e não fugir do mundo. É no mundo, na natureza, em todo cosmo, que encontramos os vestígios do criador.

Assim, o que identificamos como revelação de Deus é percebido no interior do conjunto de nossas experiências mais profundas como ser humano, que constata o caminho que o criador "pensou" para a criação. Essas experiências são narradas pela linguagem religiosa e, no nosso caso, pela tradição cristã que se deu, por excelência, em Cristo Jesus. Contudo, é preciso afirmar que essas mesmas experiências só são possíveis porque Deus mesmo toma a iniciativa de se mostrar, porque Ele quer que nós compreendamos qual é o caminho da salvação. Porém, não somos deuses, por isso, como alguém que caminha com os olhos fechados, precisamos tomar cuidado para não tropeçar e acabar por identificar Deus onde Ele não está. Esta é a essência do que se chama, biblicamente, de idolatria: colocar algo ou alguém que não seja Deus em seu lugar. E isto pode acontecer mesmo no interior da linguagem religiosa. Pessoas podem estar pregando Deus, mas no fundo estão apontando para uma experiência idolátrica, como confundir Deus com o ter, o poder ou o sucesso. Esta compreensão básica de revelação é fundamental para a nossa resposta a essa mesma revelação: a fé. É condição para experimentarmos com profundidade o desejo salvífico que Deus tem para todo ser humano.

2.6. Fé cristã: resposta humana à iniciativa amorosa de Deus

Lembramos que tomamos por base o adágio "Fora do mundo não há salvação". Deus se revela no conjunto da realidade humana. É no meio de nossa história que devemos procurar os sinais de Deus e sua vontade. Assim sendo, consequentemente, existe no "coração" humano e em sua história uma centelha divina que o desperta para o caminho da salvação. Deus toma a iniciativa e o ser humano responde. A resposta humana à iniciativa de Deus é o que chamamos de **fé**.

O que é fé? Uma resposta rápida afirmaria que é acreditar na existência de Deus e em sua criação. Contudo, não existe fé em estado puro, isto é, independente de nossa existência humana. Para acreditar em alguém ou em alguma coisa é necessário ter certo grau de plausibilidade (a palavra plausível é difícil, mas é a melhor. Quer dizer: algo que pode ser aceito com algum fundamento). A fé não é um "tiro no escuro" ou um "se jogar num abismo sem saber o que tem no fundo". Evidentemente haverá sempre uma dimensão do mistério divino que não conseguiremos capturar, mas isso não quer dizer que não possamos afirmar nada sobre Deus. Nossa relação com a realidade divina é como a relação de uma pessoa que caminha com os olhos vendados no meio de uma floresta. Sabemos, pela fé, que Deus existe, porém não temos condições de descrever a totalidade do seu ser.

Se a fé não pode ser vivida sem a realidade da história humana, devemos sempre nos perguntar que tipo de fé se tem. A resposta à iniciativa de Deus se manifesta na experiência humana de várias maneiras e em toda a sua criação. No entanto, a nossa experiência de fé possui uma característica especial: a manifestação que Deus tem em Jesus Cristo. O Deus Trino (Pai, Filho e Espírito Santo) se revela para nós no Filho feito homem. Uma pessoa humana com tempo e história determinados. Uma referência objetiva. E a ação do Espírito Santo não elimina a objetividade da revelação de Deus no Filho. A nossa fé, portanto, é fé cristã. Então, para afirmarmos que temos fé, e fé cristã, qual o conteúdo mínimo que deverá fazer parte de tal experiência?

Levando em consideração essas rápidas observações, devemos afirmar que a fé cristã é uma resposta humana que compromete a vida toda de quem responde, individual e coletivamente, a um caminho bem determinado: o caminho de Jesus Cristo. A fé é uma resposta existencial (envolve a vida toda) a um projeto de vida. E embora a fé cristã carregue consigo, necessariamente, um envolvimento comunitário nos ritos que celebram a memória viva do mistério do Deus revelado em Jesus Cristo, ela não pode ser confundida como adesão a uma espécie de associação. A fé cristã não é simplesmente a integração a uma corporação, não é como ser membro de uma torcida de futebol. Eu não posso ter fé independente daquilo que sou. É interessante observar na história inicial da Igreja que quando alguém se convertia ao cristianismo e tinha uma profissão considerada contrária aos princípios do mesmo (ex.: gladiador) ou abandonava a profissão ou não seria cristão.

Certamente que a fé possui um crescimento, e neste crescimento a experiência religiosa é um instrumento necessário. Há e sempre haverá um processo de iniciação à fé que supõe uma cultura religiosa. Contudo, não podemos esquecer que a nossa fé é fé cristã. Assim, mesmo valorizando o simbolismo religioso, não podemos perder de vista que o objetivo da fé cristã é proporcionar ao convertido uma experiência de vida que dê sentido e finalidade à vida como um todo, ocasionando uma transformação pessoal e coletiva. Uma transformação que testemunhe o Deus da Vida revelado no caminho concreto de Jesus Cristo. Torna-se, portanto, fundamental conhecer o caminho de Jesus, como veremos no próximo capítulo, para que se possa experimentar o que chamamos de **salvação**.

2.7. Salvação: dom gratuito de Deus

Vimos que o ser humano faz parte da criação divina e, dentro dela, é o único capaz de perceber, conscientemente, a constante iniciativa de Deus para revelar o seu plano de amor àquele que é sua imagem e semelhança. E a resposta humana à autorrevelação de Deus é a fé. Fé que é uma resposta existencial (envolve a vida toda) a um projeto de vida. Assim sendo, a consequência da fé é a salvação. E, muitas vezes, a percepção da constante vontade salvífica de Deus é um estímulo à fé. Assim podemos constatar que é difícil separar revelação, fé e salvação. São três realidades de um único processo salvífico.

Portanto, pelo que já foi desenvolvido até aqui, pode-se concluir que *salvação* não pode ser entendida como um prêmio que se recebe pelo dever cumprido. A salvação começa desde o momento do nascimento (útero materno). Quando nascemos iniciamos uma vida que não terá fim. Certamente haverá um momento de plenitude (vida eterna, céu, paraíso – questões que abordaremos em outro capítulo) que se dá na passagem que chamamos morte.

Salvação é *experiência de salvação*, isto é, porque Deus me ama ao oferecer a vida, o dom mais precioso dado por Ele, eu começo a viver consciente desta realidade. Não fico esperando por uma recompensa que virá mais tarde com a morte. Passo a tentar viver, desde já, apesar do pecado, como alguém que caminha para Deus. O perigo de uma *teologia da recompensa* é se fechar na autojustificação, isto é, pensar que posso comprar a salvação com as minhas atitudes ou com o mero cumprimento da lei. Passo a pensar que tenho direito de me salvar independente da graça de Deus. Quando transformo Deus em um *comerciante de salvação* posso, consequentemente, fazer das pessoas meros trampolins para comprar o céu.

Quando experimentamos a salvação como um dom gratuito de Deus se passa a ver os outros como parceiros no caminho da salvação. Estamos todos debaixo, solidariamente, da mesma vontade divina de salvar. Deus é aquele que vai às últimas consequências para nos oferecer a felicidade de viver eternamente com Ele. Se precisar, Ele deixa noventa e nove e vai ao encontro daquele que se perdeu: "Assim também não é da vontade de vosso Pai, que está nos céus, que um destes pequeninos se perca" (Mt 18,14). Deste modo, o cumprimento de determinadas leis é consequência de uma vida que já procura viver como aquele e aquela que estão submetidos(as) a um sentido maior: viver o amor misericordioso de Deus desde já. O que salva é a fé neste amor, mas que se concretiza em amor para outros parceiros em humanidade. Assim sendo, não há oposição entre fé e obra: uma confirma a outra.

Ora, por que podemos afirmar tal definição de salvação? A resposta está no caminho revelador feito por Jesus Cristo. Compreendendo como se processa a revelação de Deus, sabendo que a fé é uma resposta existencial, e vivendo, desde já, na fé, a salvação oferecida gratuitamente por Deus, em quem podemos ter um roteiro mais profundo do caminho a seguir na trajetória de nossa vida? Esta é a pergunta que se buscará responder no próximo capítulo.

Sugestões bibliográficas

Para aprofundar na direção da antropologia teológica recomendamos o livro de Alfonso García RUBIO: *Elementos de antropologia teológica* (Petrópolis: Vozes, 2004).

Quanto à teologia fundamental sugerimos o livro de E. SCHILLEBEECKX: *História humana, revelação de Deus* (São Paulo: Paulus, 1994).

III
Caminhando com Jesus Cristo

Chegamos ao ponto central da fé cristã: a pessoa e mensagem de Jesus Cristo. Porém, antes de apontarmos alguns elementos que a cristologia moderna nos oferece, convidamos o leitor ou leitora a fazer, para si mesmo(a), algumas perguntas bem simples: quem é Jesus Cristo para você? Qual o significado de Jesus Cristo na sua vida? Que transformação o encontro com Ele operou em sua vida? Qual o testemunho de vida dado pelos cristãos nos países onde predomina o cristianismo? Pare, pense e reflita. Pode parecer estranho tais perguntas, já que a maioria dos leitores(as) deste livro, com certeza, é composta de pessoas vinculadas ao cristianismo. Seria óbvio, então, que esta maioria tivesse condições de responder com tranquilidade e profundidade a estas questões. Será?

Da resposta às perguntas acima depende a direção que damos a nossa fé cristã. Se quisermos uma *nova evangelização*, por exemplo, é em Jesus Cristo que encontraremos o roteiro. Se quisermos renovar a missão, é em Jesus Cristo que encontraremos motivação. Se queremos falar e viver a fé cristã ao ser humano de hoje, é em Jesus Cristo que encontraremos inspiração. E isto não significa que precisaremos abandonar outras mediações importantes, como a devoção mariana, por exemplo. Mas significa que só podemos encontrar a perfeita mediação da salvação nele. Salvação que, como já vimos, começa na história concreta da nossa humanidade.

Precisamos fazer da nossa vida a mesma coisa que Jesus Cristo fez com a sua, enquanto estava concretamente conosco. É o que tentaremos resgatar daqui para frente. O papel do presente autor será o de escrever, mas a reflexão e a busca de realizar na própria vida o caminho de Jesus Cristo é de todos aqueles(as) que se dizem convertidos à fé cristã. Que esta reflexão nos ajude a manter fidelidade ao que é mais importante: seguir Jesus Cristo, ser sinal, apesar do pecado, de que a vida é uma riqueza incalculável. O encontro com Jesus só nos faz perceber melhor esta riqueza. Vida encarnada e testemunhada por Deus em seu Filho: aquele a quem damos o título de Senhor da vida.

3.1. O começo da fé em Cristo

Para viver o cristianismo precisamos estar dispostos(as) a querer fazer da vida a mesma coisa que Jesus Cristo fez com a dele. Precisamos estar dispostos a seguir o caminho de Jesus. Mas, a experiência de fé cristã, antes de visualizar o caminho do seguimento de Jesus, primeiro faz uma experiência de encontro com o ressuscitado. O ponto de partida da fé é afirmação do senhorio do Cristo sobre a vida de quem se encontra com Ele. A nossa conversão está marcada, praticamente desde a infância, para a maioria, pela presença do ressuscitado que é tudo para nós.

Porém, a partir deste encontro inicial, muitos afirmam que Jesus é maravilhoso, que Ele pode tudo, outros que Ele é um ser especial, um ser de luz, e há os que dizem ser Ele um revolucionário. No entanto, quando perguntamos qual o real significado da presença do Cristo na vida das pessoas, em sua vida cotidiana, em seu trabalho, em sua família, na sociedade, quase sempre ficamos sem resposta. Há certa distância entre a adoração que se faz a Jesus como Deus e o seguimento dos seus passos na vida e na sociedade. Assim sendo, é preciso resgatar o caminho de Jesus enquanto Ele estava presente na nossa história, pois é este caminho o critério fundamental para realizarmos o caminho de nossa vida. Devemos lembrar aqui da dificuldade que a cristologia tem em recuperar o caminho histórico de Jesus, pois a intenção dos Evangelhos não foi a de fazer uma biografia. No entanto, os estudos teológicos nos permitem fazer uma boa aproximação da presença histórica de Jesus de Nazaré e retirar, a partir desta, um conjunto de valores que podem ser vividos em nossos dias.

É verdade também que, para quem crê, existe o privilégio de sua presença como ressuscitado entre nós. No entanto, a ressurreição de Jesus Cristo não elimina a necessidade de assumir o caminho com as nossas próprias pernas. Como já foi afirmado, Deus não criou bonecos. Deus respeita tremendamente a nossa liberdade, e nunca nos força a nada, como tão bem é demonstrado por Jesus. Portanto, para termos as evidências de como realizar o caminho de Jesus hoje, precisamos resgatar o caminho que ele mesmo fez. Precisamos saber fazer uma distinção para ajudar a reconhecer o mesmo Jesus Deus em seu caminho humano. É o que a cristologia hoje faz ao refletir sobre Jesus Cristo: identificar o Cristo da fé e o Jesus terreno.

O Cristo da fé é o Jesus Deus que ilumina e confirma o caminho do Jesus terreno. É aquele experimentado na certeza da fé. É a garantia de que o caminho realizado por Jesus de Nazaré é um caminho salvífico. Mas se Deus revelou sua vontade salvífica através da encarnação, isto é, pelo fato de se tornar humano (carne) como nós em tudo, menos no pecado, isto é um sinal de que é por dentro da experiência humana que podemos encontrar a salvação. Não é deixando de assumir a nossa humanidade, não é fugindo do mundo, mas assumindo a história humana como o próprio Deus assumiu. É bom lembrar, conforme o dogma cristão, que a natureza humana e divina são inseparáveis e inconfundíveis. Porém, nossa capacidade humana pode alcançar com mais rigor a natureza humana de Jesus Cristo e não a natureza divina. Esta última é assumida na fé.

Assim sendo, se faz necessário recuperar o itinerário de Jesus de Nazaré. E é isto que vamos tentar fazer daqui para frente. Ainda que o espaço seja pouco, ainda que se corra o risco da rapidez das afirmações, vamos seguir Jesus passo a passo. Vamos acompanhá-lo pelos caminhos da Palestina de seu tempo. Vamos sujar os nossos pés de poeira com Ele. Vamos reencontrar, da melhor maneira possível, aquelas situações nas quais Jesus compartilhou com os seus amigos e amigas o desejo de Deus para toda humanidade.

3.2. A figura humana de Jesus Cristo

Como indicamos, a nossa intenção é acompanhar Jesus pelos caminhos da Palestina. Sujar os nossos pés de poeira com Ele. Peregrinar pelas ruelas de Nazaré e Cafarnaum, atravessar a Samaria, seguir até Jerusalém em sua companhia. Assim como os primeiros discípulos e discípulas, vamos começar a conhecer aquele homem que chega à beira do mar e diz para alguns pescadores: "Vem e segue-me!" Antes mesmo de conhecer a história anterior ao encontro com Ele, e sequer imaginar quem Ele era, os primeiros discípulos e discípulas encontraram um homem adulto, livre e responsável. Não um "super-homem", mas um ser humano em tudo igual a nós. E, mais tarde, os primeiros cristãos e cristãs descobririam ser Ele incapaz de pecar (Hb 4,15), pois o pecado desumaniza.

Seus amigos da Galileia descobriram um ser humano aberto à beleza da natureza quando exclamava: "...olhai os lírios dos campos..." (Mt 6,26). Interessado pelos menores detalhes da vida do povo: o semeador (Mc 4,3), a mulher que faz o pão (Mt 13,33) e o construtor que faz a sua casa sobre a rocha (Mt 7,24-27). Não um louco ou um excêntrico, mas alguém que demonstra equilíbrio psíquico em suas atitudes: atua com energia e paciência, com audácia e prudência, com dignidade e simplicidade.

Não encontramos nos evangelhos nenhum testemunho de Jesus dando uma boa gargalhada, mas com certeza não era um rabugento, pois demonstra certo senso de humor quando diz a respeito de João Batista: "Que fostes ver no deserto? Um *caniço* agitado pelo vento?" (Mt 11,7). Vai à festa e ainda leva seus discípulos (Jo 2,2). Tem fome, sede, se cansa e chora: "Jesus chorou" (Jo 11,33). Seu choro revela alguém que tem apreço pelas amizades: "Diziam, então, os judeus: 'Vede como ele o amava!'" (Jo 11,36).

Jesus tinha apreço pela vida familiar como bem é demonstrado na Parábola do Pai Misericordioso: "Mas o pai lhe disse: 'Filho, tu está sempre comigo, e tudo o que é meu é teu. Era preciso que festejássemos e nos alegrássemos, pois este teu irmão estava morto e tornou a viver; ele estava perdido e foi reencontrado!'" (Lc 15,31-32). Dá atenção àqueles que não eram considerados merecedores de atenção: as mulheres e as crianças. E, como foi criança, conhecia as brincadeiras de criança conforme Mt 11,16-17. Era dotado de uma grande capacidade intelectual e criativa como se observa nas parábolas e na polêmica com os fariseus. Deixa estes últimos sem resposta quando pergunta: "É permitido, no dia de sábado, fazer o bem ou fazer o mal? Salvar uma vida ou matar?" (Mc 3,4).

Enfim, como diz Leonardo Boff em seu livro *Jesus Cristo libertador*, "tudo que é autenticamente humano aparece em Jesus. Ele vive e anuncia sua mensagem (Reino de Deus) em íntima e indivisível união com aquele que ele chama de Pai. Na liberdade possível de sua realidade cultural e no interior da história humana ele anuncia a libertação do homem concreto, prega a justiça e o bem, eliminando toda falsa oposição entre o ser humano e Deus". É com este Jesus que vamos continuar caminhando.

3.3. A missão de Jesus Cristo: o Reino de Deus

Jesus, como foi visto, cresceu e se tornou um adulto livre e responsável. Depois de um período de formação junto de sua família (Maria e José) e junto de seu povo, ele se dirige ao Rio Jordão, conforme se observa em Mc 1,9-11, e proclama a sua missão. A voz que vem do céu afirma: "Tu és o meu filho amado, em ti me comprazo", voz que os leitores podem encontrar em Is 42,1. Ora, por que razão a voz repetiu Isaías? O capítulo 42 de Isaías dá início ao chamado "Cântico do servo sofredor" (são 4 cânticos, terminando em Is 53). Marcos está querendo transmitir que Jesus, no seu batismo, assume *o messianismo do servo*.

Contrariamente ao que muitos judeus esperavam, o Messias que Jesus encarna não assume o poder dominador para salvar. E assim, durante toda a vida pública de Jesus, Ele será tentado a não assumir o *messianismo de serviço*. Por isso, logo a seguir Marcos coloca a tentação (Mc 1,13-15). Nenhum poder, a não ser o poder do amor, será assumido pelo Messias. E todo poder diferente do poder do amor é obra de satanás (figura mítica que representa o mal). Satanás que pode morar dentro de nós de maneira imperceptível, como será mencionado pelo Evangelho no caso de Pedro (Mc 8,33).

Mateus e Lucas colocam três variantes da mesma tentação, isto é, o afastamento do caminho de serviço. A tentação de querer utilizar Deus e a religião para fugir da dureza da condição humana: "manda que estas pedras se transformem em pães" (Mt 4,3). A tentação de buscar a salvação pelo extraordinário, pelo grandioso, pelo maravilhoso, desprezando o dia a dia: Jesus, convidado por satanás, deveria se atirar do pináculo do templo (Mt 4,6). E, por fim, a tentação de utilizar o poder dominador para salvar, a tentação de querer fazer aliança até com pecadores e injustos para conseguir mais adeptos: "Tudo isto te darei se, prostrado, me adorares" (Mt 4,9). E como é difícil, ainda hoje, para aqueles que seguem o caminho de Jesus, manter fidelidade ao amor do Messias.

Jesus, portanto, começa a sua missão não anunciando a si mesmo. Não é Ele mesmo o centro de sua missão. *O centro de sua missão é viver e anunciar o Reino de Deus*. A expressão *Reino de Deus* era conhecida do povo judeu. Mas Jesus dá a ela um sentido novo. Um sentido que não vai à direção da ostentação, mas um pouco naquela direção que João Batista já dava: a simplicidade e humildade de homem que pregava a conversão como ponto de partida para uma nova vida. Jesus veio para mostrar a nós qual o caminho que conduz ao Pai. Não é um caminho de magia. Não um caminho de coerção violenta. É um caminho no qual cada ser humano assumirá a sua humanidade assim como ela é, e nisto será feliz.

Jesus vive a vocação de Messias Servidor anunciando o Reino de Deus: "O Espírito do Senhor está sobre mim, porque ele me ungiu para evangelizar os pobres..." (Lc 4,18ss.). Jesus não definiu o Reino de maneira acabada, estruturada. Mas, como um bom semita (origem cultural e étnica), ele fala em parábolas, e vive a realidade do Reino em sua própria vida. Ele é aquele que, como diz Paulo, "tinha a condição divina e não considerou o ser igual a Deus como algo a que se apegar ciosamente. Mas esvaziou-se a si mesmo, e assumiu a condição de servo" (Fl 2,6-11). Assim, para caminhar com Jesus, o Cristo, precisamos mergulhar no seu projeto: O Reino de Deus. É isto que continuaremos a explicitar nos próximos itens.

3.4. Reino de Deus: dom gratuito e tarefa

A missão de Jesus Cristo foi a de anunciar e viver o Reino de Deus. Esta foi a razão de sua encarnação, a de viver como humano (carne) no meio de nós pregando e testemunhando o Reino. Jesus, com o seu caminho, demonstrou que o Reino de Deus já está no meio de nós (Mt 12,28). É verdade que a realização plena do Reinado de Deus só se dá quando fazemos a nossa passagem definitiva para a eternidade. É a passagem que se realiza com a morte. Contudo, a eternidade começa agora, e será aperfeiçoada no dia de nossa *Páscoa definitiva*, isto é, no dia do nosso encontro direto com Deus. Mas, enquanto realizamos este caminho como devemos nos posicionar em relação à vida? Com que atitude se deve fazer este caminho? O que configura o sentido da vida, no meio do mundo real, para aquele e aquela que entram, desde já, no caminho de Jesus?

Para responder às perguntas acima devemos revestir a nossa experiência humana com a mesma atitude que Jesus revestiu a sua vida, como recomenda o Apóstolo Paulo: "Tende em vós o mesmo sentimento de Cristo Jesus" (Fl 2,5). Um sentimento de esvaziamento pelo outro, que quer o crescimento do outro, pois isto nos faz crescer. Podemos chamar este sentimento de *gratuidade*. Jesus, como um humano de origem judaica (semita), não era dado a definições acabadas, retocadas, como os gregos faziam, e como nós fazemos hoje. Com a sua vida, suas parábolas, suas narrativas, ele descrevia o seu projeto, que era o projeto de Deus para a humanidade. E assim ele demonstrou que o Reino de Deus é dom gratuito de Deus. Não podemos comprá-lo ou encontrar meios para corromper os propósitos de Deus. É um projeto de amor, e amor não se compra ou se impõe pela força, pela violência.

Mas, alguém pode perguntar: "Deus não cobra nada para entrar no seu Reino? De que modo se pode visualizar a gratuidade do Reino no Caminho de Jesus Cristo?" Ora, olhemos no Novo Testamento a quem Jesus destina o Reino. Ele afirma ser o Reino dos pobres (Lc 6,20; 4,18; Mt 11,4...), não porque os pobres são melhores ou piores, ou não são pecadores, mas porque eles se encontram sem poder, desprotegidos, marginalizados, e, desta forma, precisam do Deus do Reino. O Reino é para aquele que precisa de ajuda e proteção, como é o caso da criança, do pequeno, da mulher que não era tratada humanamente (Mt 10,13-16; 11,25-26...). O Reino é das crianças não porque sejam puras ou ingênuas, e sim porque nelas podemos enxergar a confiança na proteção de quem cuida delas. O Reino é para os pecadores (Mt 21,31; 9,12...). Jesus inclui aqueles que eram considerados o lixo de sua sociedade. E alguns até se tornam discípulos (caso de Mateus). Quanta dificuldade de perceber isto! Nós sempre nos achamos merecedores, pagamos o dízimo, somos ministros, padres e bispos. Quanto orgulho. Mas, são os doentes que precisam de médicos. E por acaso algum ser humano pode se afirmar completamente são? O Deus que Jesus Cristo revela não é um comerciante que fica do outro lado de um balcão negociando a salvação.

Certamente que tal apresentação de Deus, por parte de Jesus Cristo, trouxe dificuldades em muitos de seus ouvintes. Logo no início de sua vida pública, quando ele cura o homem da "mão seca", em dia de sábado, já começaram a tramar contra ele (Mc 3,6). Por isso, para se encontrar com o Deus do Reino é preciso muita conversão e fé. Conversão e fé que é uma resposta cotidiana ao convite amoroso de Deus para viver a nossa humanidade como Jesus a viveu. Aqui o Reino se torna tarefa. Porém, não uma tarefa imposta, e sim responsabilidade daquele e daquela que se convertem, pela fé, ao amor misericordioso de Deus. Conversão que precisamos fazer todos os dias, pois é fácil cair naquela posição orgulhosa que muitos fariseus se colocavam no tempo de Jesus. Conversão que se torna o sentido radical da existência, vivida na fidelidade a qualquer condição de vida: na saúde e na doença, na tristeza e na alegria. "Portanto, deveis ser perfeitos como o vosso Pai celeste é perfeito" (Mt 5,48), assim Mateus encerra o discurso sobre o novo estilo de vida inaugurado por Jesus Cristo: as bem-aventuranças (seria bom o leitor(a) ler todo o capítulo 5 de Mateus).

3.5. Reino de Deus: um "projeto de vida"

A missão de Jesus Cristo foi a de viver e anunciar o Reino de Deus. Como foi que Ele realizou tal missão? Vivendo como Messias Servidor, assume um projeto de vida exemplar. Vamos então apontar alguns aspectos do caminho de vida feito por Jesus para viver e anunciar o Reino. Ao mergulhar neste caminho estaremos traçando o itinerário de como deve ser a nossa própria vida. De como viver hoje o Reino de Deus. Tendo como grande modelo o modo como Jesus viveu. Pois, assim como Jesus Cristo revela Deus, também revela, em seu caminho, como o ser humano deve viver.

Quando Jesus se torna um homem público, ele coloca os seus ouvintes e seguidores em crise. A origem da palavra *crise* é grega, e quer dizer *cortar*. Era uma palavra empregada na medicina. Quando o médico precisava cortar uma parte do corpo humano para salvar (amputar em caso de gangrena, por exemplo) fazia uma *crise*. Ora é exatamente isto que Jesus realiza na vida de muitos: uma crise. Ele questiona uma ideia de Deus que só serve a interesses próprios, levando os seus ouvintes a um questionamento existencial acerca do modo como se relacionam com a divindade.

A liberdade de Jesus perante a tradição de seu povo é enorme. Mesmo guardando um profundo respeito à *Torá* (a Lei, o nosso Pentateuco), ele procurava lhe dar um sentido mais humanizante. Respeitava a Lei, mas não era um legalista. Sua meta fundamental era a defesa irrevogável da vida, e esta atitude deve ser a chave de interpretação de seus ensinamentos. Assim quando, por exemplo, fala contra o divórcio contido na lei mosaica (Mt 19,7-8), está defendendo a vida da mulher que poderia ser rejeitada por qualquer motivo, e somente o marido tinha o direito de dar carta de divórcio. Muitas vezes o seu destino era a prostituição como meio de sobrevivência. Hoje em dia, diante de novo contexto cultural, podemos tornar o *casamento indissolúvel,* em muitos casos, um verdadeiro atentado à vida, indo na direção contrária da atitude de Jesus Cristo.

Jesus no seu caminho demonstra que não é a lei que salva e sim o novo modo de ser. É a vivência do amor levado até as últimas consequências que nos coloca no caminho da salvação. A liberdade que o Reino nos oferece amedronta, por isso gostamos da *segurança* que a lei nos dá. Quanto mais se ama, menos se precisa da lei. É por isso que sua proposta de vida incomoda o rico. Não porque o rico não possa se salvar, mas porque ele pode mais facilmente usar de sua riqueza para querer comprar o Reino de Deus. Ele pode se estabelecer no princípio do acatamento irrestrito da lei, pois ele tem plenas condições de cumpri-la, ou, pior, subornar para não cumprir. Então, embora seja mais fácil um camelo passar no fundo de uma agulha do que um rico entrar no céu, para Deus tudo é possível – até um rico se salvar (Mt 19,24).

Portanto, o projeto de vida proposto por Jesus Cristo passa por uma vida de pobreza. Somente os pobres se salvam. Primeiramente aqueles pobres mais *lascados,* os completamente excluídos da sociedade, que não possuem nenhuma condição de responder, em suas vidas mortais, ao convite do Deus do Reino: os doentes mentais, os que foram reduzidos a condições desumanas de vida, etc. Depois aqueles pobres cuja vida ainda permite atitudes de compromisso, e que, no meio das dificuldades, podem buscar realizar sinais do Reino. E, finalmente, aqueles e aquelas que sendo ricos, pelo poder econômico, ou pelo saber, ou pelo poder político, colocam a sua riqueza a serviço dos pobres para que, desde já, muitos possam reconhecer o caminho da vida plena.

3.6. Reino de Deus: sinais de sua presença

Jesus Cristo anuncia e vive o Reino de Deus em si mesmo. Assume-o em sua existência tornando o Reino um "projeto de vida" a ser aceito por cada um e cada uma que escuta o convite: "Vem e segue-me". Mas, a aceitação não é meramente formal, intelectual, ou como a decidir pertencer a um determinado clube ou associação. É preciso, assim como fez Jesus, tentar realizar o Reino de Deus desde já, ainda que a plenitude só seja possível com a ressurreição. Optar pelo Reino é fazer adesão ao caminho de Jesus Cristo realizando, como ele, sinais da sua presença no meio da história, do mundo e da vida.

Geralmente, a religiosidade cristã aponta como sinais do Reino apenas manifestações grandiosas, como o milagre, por exemplo. E hoje em dia estamos assistindo a uma nova efervescência da procura do milagre. Mas Jesus não foi um *milagreiro*. É interessante observar que nos evangelhos ele nunca marca dia, nem hora para realizar milagre. Ele acontece no caminho, como um sinal do bem que devemos realizar sem discriminações. Jesus, como disse o Apóstolo Pedro, é "aquele que passou fazendo o bem" (At 10,38). O milagre é narrado no Novo Testamento com uma função catequética, isto é, quer ensinar alguma coisa. Não quer provar que Jesus Cristo é o Filho de Deus, mas sim que o Filho de Deus cura indicando a vida como um valor supremo. Viver na direção do Reino de Deus é procurar *curar o mundo* de todos os males que atrapalham os seres humanos a caminhar na direção da plenitude da vida.

Quantos "milagres" se poderiam fazer para curar o mundo de doenças que hoje se sabe muito bem como evitar. Precisamos de um grande milagre para nos libertar da busca desenfreada pelo poder que corrompe e mata milhares de vida. Precisamos do milagre da partilha, como aquele realizado por Jesus. Como é difícil *multiplicar os pães* que sobram na mesa do rico para chegar à mesa do pobre: "Dai-lhes vós mesmos de comer" (Mc 6,37), disse Jesus Cristo. Quem se alimenta corretamente, evitando assim doenças, não precisa subir a escadaria da Igreja de Nossa Senhora da Penha de joelhos para pedir uma cura de uma doença que se evitaria com uma boa alimentação. Se os governos realizassem políticas justas não seria necessário pedir um emprego como um milagre.

O Nazareno saiu pelos caminhos da palestina, durante sua vida terrena, realizando vários outros sinais da presença do Reino: no perdão oferecido: "Mulher, onde estão eles? Ninguém te condenou?" (Jo 8,10); no acolhimento e no convívio com os excluídos: "Ele disse ao homem da mão atrofiada: 'levanta-te e vem aqui para o meio'" (Mc 3,3); procurando encontrar aqueles que eram discriminados e fazendo de alguns deles até seu discípulo, como Mateus o cobrador de impostos (Mt 9,9), mostrando que só o amor pode nos conduzir à vida. E viver o amor, como Jesus viveu, na verdade, é o grande desafio da vida. É mais fácil nos agarrarmos à lei, sem procurar enxergar primeiro todas as possibilidades de superar os nossos limites. Assim, muitas vezes, fazemos fardos pesados para outros carregarem, não entramos e não deixamos outros entrarem: "Ai de vós, legistas, porque tomastes a chave da ciência! Vós mesmos não entrastes, e impedistes os que queriam entrar!" (Lc 11,52).

Ora, foi justamente por causa da atuação de Jesus em todas as situações da vida, mostrando que Deus não pode justificar e legitimar injustiça e poder dominador, que ele acabou encontrando forte oposição. Jesus não foi perseguido porque fazia milagres, e sim por colocar o dedo na "chaga" do pecado humano que quer fazer Deus à sua imagem e semelhança. Aliás, os milagres não serviram de *prova* para converter aqueles "homens de Deus" que eram incapazes de mudar de vida. É mais fácil eliminar a vida de quem "atrapalha" do que reconhecer as próprias falhas: "Ao se retirarem, os fariseus com os herodianos imediatamente conspiraram contra ele sobre como o matariam" (Mc 3,6), e isto logo no início do seu caminho. Por isso ele correu risco de ser assassinado e acabou pregado na cruz. A salvação ofertada por Deus na cruz de Jesus Cristo é o resultado de sua relação amorosa para com a humanidade. Deus só pode salvar pelo caminho do amor, pois Ele é o próprio **Amor**. Amor que nenhum ser humano é capaz de medir.

3.7. Morrendo por causa do Reino

Jesus Cristo, no processo de aprofundar o amor salvífico de Deus pelos seres humanos, "tendo amado os seus que estavam no mundo, amou-os até o fim" (Jo 13,1), e, perto de completar sua missão, esbarra com a rejeição final à proposta do Reino de Deus: **a cruz**. Rejeição, que na verdade começou logo no início de sua missão, como já assinalamos. A cruz será o símbolo maior da opção daqueles que não acreditam que o amor, o bem, a fraternidade, a solidariedade, é o único caminho que conduz a Deus. Quando um cristão ou uma cristã usa uma cruz no peito é para afirmar: "Vejam o que foi rejeitado pela nossa busca desenfreada de poder". A cruz não é um desejo premeditado da parte de Deus. Se assim fosse, o Deus de Jesus Cristo não seria **Amor**, como define a primeira carta de João (4,16), definição retirada, na verdade, de todo o caminho amoroso de Jesus Cristo. Mas, é verdade que os evangelhos falam de uma "necessidade" do sofrimento de Jesus (Lc 24,26, por exemplo). Então, como devemos entender tal necessidade?

Se isolarmos o final trágico de Jesus do conjunto de sua vida, certamente teremos que tomar o "era preciso que Jesus sofresse tudo isso" ao "pé da letra". Assim, como uma espécie de grande ritual macabro, Deus teria sacrificado a vítima Jesus para expiar os nossos pecados. Ora, tal interpretação depõe não contra a totalidade do caminho de Jesus. Vai ao sentido contrário até mesmo de muitas afirmações sobre Deus contidas no Antigo Testamento: "Que me importam os vossos inúmeros sacrifícios?, diz Iahweh, estou farto de holocausto de carneiros e da gordura de bezerros cevados; no sangue de touros, de cordeiros e de bodes não tenho prazer" (Is 1,11). E é justamente inspirada no livro de Isaías que a comunidade cristã do início interpreta a morte de Jesus, sobretudo nos chamados "Cânticos do servo sofredor".

De fato, era "necessário" que Jesus assumisse o risco de morrer como morreu, mas em fidelidade ao projeto do Reino de Deus. O Deus que Jesus Cristo revelou não se impõe pela força. É um Deus que se propõe e aceita correr o risco da rejeição. A salvação é um presente que Deus nos oferece gratuita e livremente. Não pode ser imposta, mas somente acolhida. Assim sendo, se o nosso pecado não permite escolher o caminho do Reino, vamos optar pela dominação do outro, pela violência, pela desonestidade, pela injustiça, pelo autoritarismo, enfim, por tudo aquilo que nega o caminho de amor revelado por Jesus Cristo. E, pior, podemos colocar Deus como Aquele que justificava o nosso pecado, quando legitimamos o caminho do mal como um desígnio de Deus. Foi isto que fizeram os opositores de Jesus, o condenaram por uma razão religiosa: "Ele afirma ser Filho de Deus". E, para levar adiante os seus propósitos assassinos, aliaram-se ao poder dominador conduzindo Jesus ao tribunal romano sob a acusação de subverter o povo: "Começaram então a acusá-lo, dizendo: 'Encontramos este homem a subverter nossa nação, impedindo que se paguem os impostos a César e pretendendo ser Cristo Rei'" (Lc 23,2).

Porém, a cruz que é presença do pecado, da rejeição ao projeto amoroso de Deus, é paradoxalmente, ao mesmo tempo, a vitória do amor. A cruz de Jesus é uma indicação divina contundente de que a única forma de vencer o mal é com o bem. É um ato de extrema solidariedade da parte de Deus nos mostrando que se quisermos salvar a nossa vida precisaremos buscar fidelidade ao amor até o fim, como Aquele que "achado em figura de homem, humilhou-se e foi obediente até a morte, e morte de cruz" (Fl 2,7-8). Ora, este caminho de Jesus deve provocar uma profunda mudança em nossa forma de experimentar Deus. É o que veremos a seguir.

3.8. Na cruz Deus também se revela

A morte de Jesus foi o resultado da totalidade de sua vida. Como foi visto, o seu final trágico não foi uma vontade preestabelecida da parte de Deus. Ora, como os cristãos já possuem fé na divindade de Jesus Cristo, pois acreditam naquilo que a ressurreição revelou (a ressurreição será refletida no próximo item), uma pergunta não se cala frente ao fato da morte de cruz: "O que Deus estaria revelando assumindo este tipo de morte?" É comum repetirmos a frase: "Ele morreu para nos salvar", o que é absolutamente verdadeiro. Mas a dor, o sofrimento, a tortura, enfim a morte violenta e cruel, seria, em si mesma, necessária para Jesus Cristo nos salvar? Como é a redenção oferecida por Deus em Jesus Cristo?

As perguntas acima geraram profundas polêmicas, desembocando em concílios e heresias. O modesto teólogo que escreve estas linhas não tem a mínima pretensão de responder definitivamente a tais questões. No entanto, podemos lançar alguns elementos para a nossa reflexão, que devem gerar, naturalmente, atitudes concretas em nossas vidas. Afinal, se Jesus Cristo é Deus, e pela fé os cristãos acreditam que sim, então na cruz Deus também se revela. A cruz é também afirmação daquilo que Jesus revelou como resposta à pergunta: quem é Deus? E, como temos insistido, não podemos responder nada sobre Jesus Cristo desvinculando a resposta da totalidade de seu caminho, do seu projeto chamado Reino de Deus, pois foi por causa do Reino que ele veio, viveu, anunciou, testemunhou e morreu como morreu.

Na cruz Jesus mantém fidelidade, até o fim, ao princípio que conduz o Reino e revela o modo próprio de Deus agir: O AMOR. Ora, o amor não se impõe pela força. O amor, como nos lembra maravilhosamente bem Paulo na 1ª epístola aos Coríntios, "é paciente, é prestativo, não é invejoso, não se ostenta, não se incha de orgulho. Nada faz de inconveniente, não procura o seu próprio interesse, não se irrita, não guarda rancor, não se alegra com a injustiça, mas se regozija com a verdade" (1Cor 13,4-6). Se o amor não se impõe pela força, Deus, que é

Amor (1Jo 4,16), assume que o único caminho para salvar é o da não violência. A única forma de vencer o mal é com o bem. Não se vence o mal com o mal. Não se acaba com a violência com mais violência.

Deus, revelado em Jesus Cristo até a morte de cruz, é o Deus **Amor-Solidariedade**, pois "sofre" conosco, como "sofreu" na cruz, quando, por causa da nossa liberdade e de nosso pecado, não somos capazes de agir como Ele deseja, e continuamos a construir cruzes para a humanidade criada pela sua bondade. A cruz, em si mesma, não é vontade de Deus. Mas, se ela aparecer em nossa vida, devemos assumi-la como fez Jesus, mas para salvar e não para fazer dela uma situação permanente. O bem, verdadeiramente, só permanece se for realizado da maneira como Jesus realizou. Mesmo o bem, quando realizado com instrumentos de dominação, não tem valor, pois este tipo de "bem" é ilusão, situação efêmera. A história da humanidade está repleta de exemplos nos quais se pode constatar que, quando o "bem" é gerado por tirania, ele não permanece, nada fica. E isto pode ser comprovado em várias tradições. Mahatma Gandhi dizia: "Se o ódio existente no mundo fosse muito maior do que o amor, a muito o mundo não existiria mais". Jesus Cristo, passados dois mil anos, continua a suscitar muito amor na história humana. Na verdade, possíveis maus exemplos promovidos pelas instituições (igrejas) são argumentos que comprovam o limite humano e não o limite da proposta de Jesus Cristo.

Irmãos e irmãs, como o mundo seria diferente se entendêssemos a mensagem da cruz. Não se constrói paz com guerra. Não se combate ódio com mais ódio. Não se elimina a crueldade com mais crueldade. Continuamos crucificando e matando. E, pior, crucificamos e matamos, muitas vezes, em nome do Deus que passou pela cruz em Jesus Cristo. Quanta contradição. Mas, amor é amor. O amor respeita a nossa liberdade, e aposta, até o fim, que seremos capazes de reencontrar o caminho. E a ressurreição vem justamente para confirmar este caminho assumido por Jesus Cristo.

3.9. Ressurreição: confirmação do Caminho de Jesus Cristo

Quando o fracasso total parecia se apresentar no final do caminho, os que seguiam o Mestre da Solidariedade, mulheres e homens, jovens e adultos experimentaram com mais força ainda o Deus que escolhe o caminho da paz, da reconciliação, o **caminho do amor** como a única opção de Deus para a humanidade. **Ele está vivo.** A morte não pode impedir o seu projeto. Realiza-se a passagem definitiva, a Páscoa que ultrapassa o ódio, o rancor, a guerra, o egoísmo, o pecado que não deixa viver a nossa humanidade integralmente como Jesus viveu a sua. O final do caminho terreno de Jesus é um novo começo. Como diz um grande teólogo latino, Jon Sobrino, que provou em El Salvador a dor da cruz no assassinato do povo, de Dom Oscar Romero, e de seus companheiros de residência: "Sem a ressurreição, o amor não seria o autêntico poder; sem a cruz, o poder não seria amor".

Jesus Cristo aparece na vida de seus amigos. A esperança se refaz, pois **Ele está no meio de nós.** Ele está onde existe o esforço de resgatar a humanidade para o caminho de Deus. Os relatos evangélicos da ressurreição de Jesus não querem espiritualizar o projeto do Reino de Deus. Os relatos nos mostram que Jesus integralmente considerado está vivo. Ele não é um fantasma e nem apenas um ser humano adotado por Deus. Ele é a própria presença de Deus. Com os olhos da fé os seguidores viram Jesus Ressuscitado confirmando todo o caminho traçado ao longo de sua vida. Os discípulos e discípulas foram testemunhas-chave daquilo que podemos crer sem ver como eles viram: **Jesus Cristo não aparece mais porque com a sua ressurreição ele revelou que pode ser visto em toda irmã e todo irmão.**

A ressurreição nos aponta que o caminho da vida plena começa já. O bem que eu faço hoje não se esgota nunca, como mostrou Jesus. Somente o bem ressuscitará. A salvação realizada por Deus no caminho de Jesus Cristo é o convite para que desde já nos tornemos um novo homem e uma nova mulher. Liberta-nos do pecado enquanto fonte de todo o mal que podemos realizar. Liberta-nos da confiança exagerada na lei que não nos deixa experimentar a gratuidade do amor que pode ser vivenciado na comunidade daqueles(as) que vivem na graça do ressuscitado. Quando não confiamos no amor precisamos mais de lei. Quanto mais lei tem uma comunidade maior é o sinal de que o amor é muito pequenino. Mas, se mergulhamos no mistério do amor revelado na totalidade do caminho de Jesus Cristo podemos exclamar: "Tudo posso naquele que me fortalece" (Fl 4,13); ou como dizia Santo Agostinho: "Ama e fazes o que queres".

Com a ressurreição nasce a missão. Não devemos ficar olhando para o céu (At 1,9-11). Aqueles que experimentam a ressurreição devem ser testemunhas da nova vida transformada pelo AMOR. Amor que, como vimos ao longo do caminho de Jesus, é concreto, objetivo, tem direção. A ressurreição é a confirmação do Reino de Deus testemunhado por Jesus; por isso, hoje ainda podemos realizar a missão como aquele que é o nosso Messias, o ungido, o Cristo de Deus feito homem, e assim mostrar qual é o caminho da salvação.

3.10. Seguindo o Caminho de Jesus Cristo hoje

Ao longo de nossa reflexão buscamos demonstrar qual foi o caminho de Jesus Cristo. Procuramos, ainda que resumidamente, fazer com Ele a passagem pela Palestina, saindo da Galileia até Jerusalém. Esbarramos naquele homem nascido de Maria, que cresceu em sabedoria, em estatura e em graça (Lc 2,52). E encontramos um Deus tremendamente apaixonado pelo ser humano. Um Deus que assume a realidade humana para confirmar o plano da criação. Para confirmar que a humanidade não é um mal necessário para chegar ao céu, mas condição para fazer o caminho. Caminho que depois de Jesus de Nazaré ganhou um roteiro bem visível, chamado **Reino de Deus.**

Com a presença histórica de Deus em Jesus Cristo aqueles que fazem a experiência de fé neste Deus passam a ter um modelo concreto e objetivo de trajetória de vida. Assim, os que se dizem ligados ao cristianismo devem ter disposição para fazer de suas vidas a mesma coisa que Jesus fez com a dele. Como foi visto, Jesus Cristo é o **Messias Servidor**. Ele é como o Servo de Javé de Isaías (Is 52,13–53,12) o homem da substituição-solidariedade. Ele nos salva não tirando o nosso lugar, mas nos capacitando para realizar o caminho.

O que procuramos fazer foi justamente insistir em afirmar uma fé cristã comprometida tremendamente com a vida humana por causa de Jesus Cristo. O processo de evangelização e a catequese nem sempre apresentam o Deus revelado no Senhor Jesus de modo integral. Ficamos com uma fé minguada, raquítica, individualista ao extremo: "Salva a tua alma". Ora, foi isto que Jesus nos mostrou? Ele veio se salvar ou nos salvar? Se Ele nos salvou enquanto humano, dando um testemunho de solidariedade com todos os que encontrava no caminho, existe aí uma revelação revolucionária: o caminho da salvação passa, para todo ser humano, pela valorização da vida. Da própria existência e da existência alheia.

Ora, o que significa viver a vida como Jesus no mundo de hoje? Qual seria o papel da Igreja de Cristo diante de um mundo machucado pelo pecado humano do egoísmo, da vaidade, da injustiça, enfim, de tudo aquilo que não deixa o ser humano bom, criado por Deus, viver com dignidade? Apenas reunir os fiéis para louvar e pedir milagres, ou promover também um aprofundamento do seguimento integral de Jesus Cristo? Cremos que estas reflexões cristológicas apresentadas aqui, ainda que sinteticamente, possibilitam visualizar e perceber que, se queremos viver o cristianismo com profundidade e responder a tais perguntas, só nos resta uma opção: fazer **O Caminho de Jesus Cristo** assumindo o **Reino de Deus** desde já. Só assim poderemos experimentar aquilo que o Apocalipse relata tão bem: *"Eis a tenda de Deus com os homens, Ele habitará com eles; eles serão o seu povo, e Ele, Deus-com-eles, será o seu Deus. Ele enxugará toda lágrima dos seus olhos, pois nunca mais haverá morte, nem luto, nem clamor, e nem dor haverá mais. Sim! As coisas antigas se foram!"* (Ap 21,3-4).

3.11. Pelo Espírito Santo continuamos a missão de Jesus Cristo

O Espírito Santo (ES) é Deus. O cristianismo ensina isso no catecismo. Também se aprende a oração dele (Vinde, ES, enchei o coração de vossos fiéis com o fogo do vosso amor...) e se encerra muitas orações em unidade com Ele (na unidade do ES. Amém). Mas, na maior parte de nossa vida cristã a referência a Ele não vai muito além disso. Nos últimos tempos a Renovação Carismática Católica (RCC) vem nos relembrando a necessidade de vivermos a fé cristã clamando ao Pai, no Filho, pelo Espírito (a Trindade será alvo do próximo item). Porém, é bom lembrar que o ES não é um Deus em concorrência com outros dois. Não é um Deus à parte. É preciso ter cuidado para não cairmos em um espiritualismo desvinculado daquele que foi o Revelador maior do Espírito Santo: Jesus Cristo. O cuidado em relação ao "perigo pentecostal" fez com que a CNBB produzisse um documento de orientação sobre a RCC (Documento 53).

Contudo, sendo Deus Trino, há de existir uma razão pela qual as comunidades do Novo Testamento tomam consciência do caráter trinitário de Deus e da necessidade de viver o seguimento de Jesus Cristo fazendo referência ao ES de Deus, o "sopro de Deus", Aquele que nos permite "respirar Deus". Para tanto vamos tomar emprestado de Rey-Mermet, no livro *A fé explicada aos jovens e adultos*, Paulinas, três razões dessa consciência:

Em primeiro lugar o ES torna inteligente. O sentido aqui é o de nos oferecer capacidade de discernimento. Se não fosse pelo Espírito certamente não teríamos condições de afirmar: "Jesus Cristo é o Senhor". É Ele que desperta em nós a curiosidade, a capacidade de querer saber, de interrogar e aprofundar as razões de nossa fé. Como afirma o Evangelho de João: "Em verdade, em verdade te digo: quem não nasce da água e do Espírito, não pode entrar no Reino de Deus" (Jo 3,5-6). Ele é "o Consolador" de nossas dúvidas, o Paráclito (defensor) que nos "ensinará tudo" (Jo 14,26).

Em segundo lugar o Espírito nos torna responsáveis. Na liberdade do ES somos chamados a decidir pelo caminho de Jesus Cristo. Por Ele confirmamos nossa filiação divina, ratificada no batismo, que nos compromete a pautar nossas vidas pelo profundo amor de Deus para com toda humanidade. Ele não nos capacita para a rivalidade, para controvérsia violenta de querer provar a nossa verdade, Ele nos capacita a amar. A amar, com profunda responsabilidade para com a humanidade e com toda natureza. Aquele que realizou o sopro da criação quer que continuemos cuidando do espaço construído para realização do caminho de encontro com o Criador.

Por fim, o Espírito reúne para a missão. Por Ele funda-se a Igreja que se reúne para dar continuidade à missão de Jesus Cristo. É o que celebramos 50 dias depois da Páscoa. A festa de Pentecostes não é uma adoração isolada do Espírito, mas a memória do espírito missionário que o Espírito nos dá em continuidade à Páscoa de Cristo. Ele nos ajuda a falar para **todos**, a **curar** com profundidade a nossa vida que o pecado não permite compreender como riqueza, e **exorcizar** o mal que não nos deixa realizar, solidariamente, o caminho para a casa definitiva.

Talvez o leitor e a leitora estranhem o fato de dedicarmos apenas um tópico ao ES. Mas, aquele que faz o caminho de Jesus Cristo só pode fazer no Espírito. Como afirma o apóstolo Paulo: "Mas, se vos deixais guiar pelo Espírito, não estais debaixo da Lei... Mas o fruto do Espírito é amor, alegria, paz, longanimidade, benignidade, bondade, fidelidade, mansidão, autodomínio... Se vivemos pelo Espírito, pelo Espírito pautemos também a nossa conduta. Não sejamos cobiçosos de glória vã, provocando-nos uns aos outros e invejando-nos uns aos outros" (Gl 5,18.22-23.25-26).

3.12. Jesus Cristo nos revela um DEUS COMUNHÃO

"A Santíssima Trindade é a melhor Comunidade". Esta frase foi cunhada pelo teólogo Leonardo Boff em livro que recebeu o mesmo título. Com esta frase damos continuidade às reflexões anteriores sobre o Filho e sobre o Espírito Santo que, ao mesmo tempo, estão unidos ao Pai. Nossa fé monoteísta (fé em um único Deus) é uma fé trinitária. Trindade é o nome que as comunidades do início, depois do Novo Testamento, deram a Deus. A palavra "Trindade" não se encontra no NT. Lembramos que no Antigo Testamento Deus era chamado de Javé (Aquele que é – "Eu Sou" é a tradução mais correta). Ora, o cristianismo, iluminado pelo Espírito e tendo compartilhado o caminho concreto de Jesus Cristo, percebeu que "Eu Sou" não é egoísta. E esta revelação de Deus tem um caráter tão revolucionário que ao longo de muito tempo, e ainda hoje, não se tira todas as consequências para a vida cristã.

Fala-se do Pai com temor, do Filho com objetividade histórica, e do Espírito Santo com fervor, mas, quando se trata de perceber como os três são **um**, logo se dá a desculpa: "É um mistério". É verdade que em Deus existe uma dimensão mistérica que não se pode alcançar totalmente dentro de nossa realidade humana. É verdade que o dogma trinitário se expressou numa linguagem filosófica de difícil acesso para a maioria dos cristãos iniciados na fé. Contudo, isso não é desculpa para fugirmos do assunto e não assumirmos, por exemplo, esse caráter não egoísta da realidade de Deus.

No fundo, quando nos equivocamos a respeito da Trindade é porque estamos nos equivocando a respeito de nossas relações humanas, consequentemente sociais, e justificamos o equívoco humano em Deus. Por exemplo, nos primeiros tempos surgiu uma heresia trinitária chamada de *subordinacionismo*, isto é, uma concepção que afirmava que o Espírito era subordinado ao Filho e o Filho subordinado ao Pai. Nota-se com muita evidência que tal concepção legitima relações de subordinação na sociedade humana. O Deus Trino nos mostra com objetividade que nenhum poder deverá ser exercido com autoritarismo e tirania. O Ser de Deus é "democrático".

Também é comum encontrar ainda hoje reflexos de uma heresia antiga chamada de *trideísmo*, isto é, quando compartimentamos nossa fé em três deuses, um para cada necessidade. Até na boca de clérigos encontramos a expressão: "Em nome de Deus Pai, de Deus Filho e de Deus Espírito Santo", três deuses. Assim, mais uma vez, podemos não tirar todas as consequências da realidade Trina de Deus, pois colocamos um deus em cada gaveta e abrimos apenas a gaveta que nos interessa.

Aqui, irmãos e irmãs, mais uma vez o critério de interpretação e experiência de Deus deve ser buscado no caminho de Jesus Cristo. Nossa fé é cristã, isto é, fé que nasce do evento Pascal. Obviamente que o Filho não pode subordinar o Pai e o Espírito. Não podemos cair no erro referido acima, mas Deus oferece no Filho os critérios fundamentais de caminho para Ele. Caminho que se plenificará no dia de nossa páscoa definitiva, isto é, a morte. No próximo capítulo vamos apresentar a reflexão que nossa fé acumulou até os dias de hoje sobre a passagem para a eternidade, e assim aprofundar um pouco mais o caminho que Deus, **uno e trino**, prepara para nós indicando, historicamente, no **Filho**, como realizar a trajetória.

Sugestões bibliográficas

Para a temática deste capítulo existe ampla e profunda bibliografia. Mas, na linha que temos seguido, vamos sugerir apenas pistas para que o leitor(a) possa continuar o aprofundamento:

Alfonso García RUBIO: *O encontro com Jesus Cristo vivo* (São Paulo: Paulinas, 8. ed.).

Benedito FERRARO. *Cristologia* (Petrópolis: Vozes, 2004).

IV
Escatologia: refletindo sobre o futuro eterno

4.1. Introdução

Estamos iniciando uma nova temática. Trata-se da *escatologia*. É a reflexão que aprofunda as questões em torno da morte, da vida eterna, céu, inferno, purgatório, etc. Chama-se escatologia porque a palavra, de origem grega, quer dizer as coisas relativas ao futuro (*escaton*). Mas, não é simplesmente um futuro cronológico, no sentido do tempo como nós vivemos (ontem, hoje e amanhã), e sim no sentido qualitativo, isto é, um tempo novo e redimensionado. No grego antigo existem duas palavras para indicar o tempo: uma é *cronos* (tempo contabilizado) e outra é *kairós* (uma situação onde o tempo é a qualidade de vida, que os cristãos entenderam como vida em Deus – tempo de salvação). É no sentido de *kairós* que se deve interpretar a escatologia.

E a reflexão escatológica se torna um tanto quanto complexa por três razões básicas: a primeira se refere justamente ao entendimento que temos sobre o tempo e o espaço, nossa mentalidade construída na concretude da vida, e não podia ser diferente, toma a referência de tempo de maneira muito cronológica e o espaço como uma questão de medidas bem objetivas, por isso temos dificuldades de perceber a novidade que é a vida eterna. A segunda se refere ao modo como compreendemos o ser humano que, como vimos no segundo capítulo sobre antropologia teológica (a visão da fé cristã sobre o ser humano), está influenciada pela filosofia que divide o ser humano em duas partes distintas e opostas, como se o corpo fosse inferior à alma (dualismo platônico) e o ser humano, na visão cristã, é um ser *único* com duas dimensões (espiritual e corporal), e uma não é inferior à outra, pois Deus não poderia ter criado um ser defeituoso. E a terceira diz respeito ao ambiente no qual a reflexão sobre o futuro ganhou maior desenvolvimento, que foi o ambiente medieval, repleto de simbolismo apocalíptico, com fornalhas, tridentes e ameaças de uma vida de sofrimento eterno.

Contudo, apesar das dificuldades tentaremos facilitar as coisas e seguir um caminho no qual os leitores e leitoras possam ter uma boa contribuição para essas questões que, muitas vezes, atormentam a vida das pessoas, como morte, purgatório, inferno, céu, vida eterna, etc. Para tanto vamos seguir o caminho proposto por um teólogo especialista nestas questões. Ele se chama Renold J. Blank e escreveu um livro chamado *Escatologia da pessoa* (São Paulo: Paulus). Este teólogo aborda as questões de uma maneira bastante próxima das pesquisas atuais e não relata apenas a doutrina antiga. A realidade da morte em nosso contexto não é mais a mesma daquela na qual foram colocadas as primeiras exposições sobre o assunto. Sabemos, por exemplo, que um suicida, na maioria das vezes, não tem liberdade de consciência e, por essa razão, não pode ser simplesmente condenado. Assim sendo, precisaremos colocar a nossa esperança eterna no lugar certo, buscando perceber como a realidade psicológica, social, histórica, filosófica, etc. interfere na nossa compreensão da continuidade da vida vivida pelo caminho que Jesus Cristo nos apresentou. Precisamos superar o medo e caminhar com firmeza na direção do definitivo de nossas vidas.

4.2. A realidade da morte no contexto atual da vida humana

Apesar de vivermos numa sociedade onde a morte aparece sob diversos aspectos (reportagens sobre assassinatos, catástrofes, filmes de violência, etc.), na verdade existe um verdadeiro *ritual* para esconder a morte. Não se trata da morte com profundidade e dentro de um contexto de humanização. Ela fica, na maioria das vezes, restrita ao fenômeno, isto é, à descrição daquilo que se vê sem penetrar na realidade do seu significado para a vida da pessoa que morre. As UTIs (Unidades médicas de terapia intensiva) são um retrato desta fuga do enfrentamento da morte. O doente fica distante, numa sala reservada para ele e os *especialistas da saúde*. A família recebe as informações estritamente necessárias para não atrapalhar o bom andamento do *tratamento*. Os funerais (caros) se tornaram um grande negócio, no qual o relacionamento humano é o menos importante.

Contudo, não adianta fugir da morte. O movimento de fuga advindo da sociedade atual só tem prejudicado a dignidade da vida humana, pois "fugir da reflexão sobre a morte significa fugir da reflexão sobre o homem" (BLANK, p. 10). Falar da morte é falar do sentido da vida. É na morte que se revela, finalmente, exatamente aquilo que o ser humano é. Então, o desejo de prolongar infinitamente a vida que se tem por intermédio de procedimentos científicos é, simplesmente, o medo de se encontrar consigo mesmo. Viver é aprender a morrer. Não adianta reprimir a reflexão sobre a morte, pois fazendo isto se está reprimindo, na verdade, uma questão fundamental para a vida.

No que diz respeito à morte, o último século está marcado por uma crescente *privatização* do ato de morrer. "O falecimento era ato público que, com toda a sua dignidade e solenidade, expressava a seriedade do que acontecia ali" (BLANK, p. 20). Toda a comunidade era envolvida nos funerais (como acontece nas comunidades indígenas). Assim, lentamente, a morte, com o seu caráter privado, reservado aos hospitais e funerárias, foi sendo alienada do conjunto da vida, perdendo, cada vez mais, a sua dimensão humana. Isso explica o desespero de muitas famílias no momento da morte.

No entanto, o morrer é uma das evidências com mais impacto sobre a vida humana, e no nosso continente latino-americano é agravado por uma realidade cruel. Morre-se de doenças sobre as quais já se conhece cura há muito tempo (ex.: tuberculose). Morre-se de fome ou de males advindos da subnutrição. Morre-se no trânsito violento das grandes cidades. Morre-se de *bala perdida*. A morte é uma realidade muito próxima, e, ao mesmo tempo, muito longe, pois não é enfrentada dentro de um contexto de humanização.

Na verdade a morte esconde e revela, ao mesmo tempo, a pergunta fundamental que todo ser humano faz a si próprio: qual o sentido da vida? A morte possui um caráter definitivo. "Nada mais pode ser alterado. Nada mais pode ser mudado. A dinâmica cíclica daquilo que se chama *vida* chegou a um fim. É fim duplo no seguinte sentido: a) Não posso mais mudar nenhum dos meus atos nem nenhuma das consequências de meus atos realizados durante a vida; b) não posso mais mudar nada na minha própria personalidade" (BLANK, p. 53). A nossa energia se esgota e nos encontramos face a face com aquilo que fizemos da nova vida. Porém, essa consciência da realidade da nossa história não é para transformar a crença na vida após a morte em um *terror*, e sim para buscar um sentido último de nosso itinerário. É esse o contexto no qual devemos começar a colocar as questões teológicas da nossa fé que perpassam o ato de morrer.

4.3. Refletir sobre a morte apontando para a esperança

A teologia não pode mais promover uma imagem de Deus que mantenha diante da morte uma atitude de medo (para alguns de verdadeiro desespero). Em sintonia com a realidade do Deus de Jesus Cristo a teologia deve buscar o verdadeiro sentido da morte no contexto de um Deus que dá sentido à vida. Assim, a teologia hoje procurará falar uma linguagem capaz de atingir o ser humano na situação em que ele se encontra, levando em consideração as circunstâncias na qual a humanidade se encontra. Não basta repetir formulações doutrinais do passado, que possuíam relevância no contexto em que foram elaboradas (como as de Trento). Trata-se de anunciar a *Boa-Nova* num novo contexto. Obviamente que estamos falando de doutrinas que podem ser mudadas, e não aquelas que se tornaram dogmas, como a questão do suicídio abordada anteriormente.

Apesar da privatização da morte, relegada ao contexto hospitalar, para muitos "morrer coisificado em hospital já representa luxo inacessível" (BLANK, p. 62). Muitas pessoas se encontram em um processo de morte sem estarem conscientes da doença propriamente. É a morte social que favorece, tremendamente, a morte clínica. É neste aspecto que alguns perigos devem ser evitados no falar sobre a morte:

- Tentação de formular mensagem puramente de consolo.

- Perigo de se perder a dimensão transcendente da mensagem.

- Perigo de se habituar à morte.

- Perigo de se contentar com as respostas e fórmulas habituais (ex.: é o destino, tinha que ser assim, etc.).

É necessário abrir espaço para anunciar a vida eterna dentro de uma direção que, de fato, seja fiel ao Deus de Jesus Cristo. Assim, a fé cristã, em diálogo com as questões do ser humano de hoje, que faz a experiência da morte em sua totalidade, buscará apresentar a eternidade como possibilidade que não tem nada de absurdo. "Morrer não significa desaparecer para sempre" (BLANK, p. 66).

A morte, na verdade, é um novo nascimento. Morre-se para uma realidade e se nasce para outra. A morte é como o processo de transformação da lagarta em borboleta. Existe uma espécie de metamorfose na qual somos jogados para uma outra dimensão de uma mesma vida. É interessante observar que até mesmo na ciência física atual se constata que o universo está pulsando, isto é, está num constante processo de evolução e transformação. Concluímos que "aquele potencial energético que diz EU não pode desaparecer" (BLANK, p. 71).

Assim sendo, devemos afirmar que "a morte e a vida após a morte empenham a pessoa humana em sua totalidade" (BLANK, p. 86). Quando falamos de vida após a morte devemos envolver a pessoa humana na totalidade de seu viver. Na verdade é uma continuidade da vida que teve apenas um começo e não terá fim. Deus não se preocupa com almas isoladas, mas sim com seres humanos inteiros. Por isso que o NT afirma que "Deus é o Deus da vida e não dos mortos!" (Lc 20,38; Mt 22,32; Mc 12,27). Para o cristianismo a salvação é um acontecimento que se dá desde o começo da vida. É na história atual que começa o processo definitivo de salvação. Portanto, a morte é mais uma etapa deste processo, não devemos encará-la com medo ou culpa.

4.4. Superar o medo e o complexo de culpa na morte

No item anterior refletimos sobre a necessidade de experimentar a morte na perspectiva da esperança. Para que isso aconteça é preciso encarar a morte como parte de um processo que engloba a totalidade da vida, começando o caminho da eternidade desde já, superando o medo e o complexo de culpa que, muitas vezes, rondam a vida dos cristãos. Por isso, vamos continuar nossa reflexão indicando alguns aspectos que podem contribuir para esta superação.

No princípio do cristianismo havia uma forte confiança na realidade da salvação no contexto integral da vida humana. Porém, a perseguição aos cristãos fez surgir uma linguagem apocalíptica sobre a morte e a eternidade. Começaram a surgir imagens fortes para expressar a convicção da salvação em Jesus Cristo. Contudo, quando as perseguições terminaram as imagens permaneceram e muitos cristãos continuaram a se sentir como eternos perseguidos, não percebendo mais com nitidez que o amor de Deus é sem limites. Deus, o criador, aceita os limites de suas criaturas, tentando, continuamente, que os limites sejam superados pelo amor. Portanto, quando morremos não somos levados a um tribunal divino.

Infelizmente, ao longo do tempo, o que predominou na relação com Deus foi uma imagem de culpa extremada e um medo assustador. É certo que a crença no amor de Deus que perdura para sempre me leva ao confronto com a minha vida, mas não para transformá-la numa vida de medo e culpa e sim numa vida de libertação. Somos seres limitados, é verdade, mas a nossa limitação pode ser vencida pelo amor.

No princípio do cristianismo, a crença na vida eterna era uma razão para se viver melhor desde já, e não apenas um sentimento de espera. A convicção era tão grande que muitos se dirigiam *sorrindo para a boca do leão*, enfrentavam o martírio com muita serenidade. "Não há mais lugar para o medo, e em vez de cada um cuidar, de maneira até egoísta, de salvar a sua própria alma, sobrará energia para se preocupar com o mundo e com o que é a própria tarefa do cristão. A primeira tarefa do cristão não é cuidar de sua própria salvação. A primeira tarefa do cristão é trabalhar para que o reino de Deus se realize. Libertado do medo e das preocupações angustiadas com a *salvação de sua alma*, a fé pode tornar-se prática de vida transformadora" (BLANK, p. 102).

Hoje ainda vivemos uma religiosidade cristã que se transmite de maneira muito opressiva. Muitos creem por medo da morte e do inferno, trazendo consequências negativas para a prática do cristianismo no mundo, pois, se temos uma imagem de Deus como carrasco, seremos carrascos para os nossos semelhantes. Uma imagem opressiva de Deus leva os crentes a oprimir seus semelhantes.

O inferno (à frente haverá reflexões específicas sobre o inferno, purgatório e céu) não pode ser pregado como uma arma para assustar pessoas de outras religiões ou ateus, como foi durante muito tempo. É preciso superar a força opressiva do inferno neste mundo para poder lutar contra os *infernos* que começam aqui. É preciso construir uma fé com esperança. Uma esperança que é um movimento dinâmico, de transformação, que não se conforma em trabalhar pensando apenas *num outro mundo*, mas que atua desde já, na esperança de realizar o encontro definitivo com Deus na eternidade.

4.5. Morte: encontro definitivo com Deus

Superado o medo e o complexo de culpa presente, muitas vezes, em nossa experiência de morte, podemos vislumbrar um pouco daquilo que a fé cristã coloca sobre este momento. É na morte que, de fato, poderemos encontrar Deus face a face (1Cor 13,12). E, sendo assim, a morte não é um momento estático. Quando chegamos a essa situação final de nossa vida terrestre podemos afirmar que chegamos ao **estado de morte**. Um estado transitório que nos levará a uma realidade final. Ao morrer, não há mais possibilidade de ficarmos indiferentes frente ao convite do Deus da vida. Portanto, se não passarmos pela morte não poderemos nos encontrar, definitivamente, com Deus.

O que acontece na situação de morte? (Não se trata de adivinhação e sim de deduções a partir de nossa realidade histórica).

a) Na morte termina o tempo e sua dimensão cíclica. Saímos da dimensão temporal, do ciclo do fazer e refazer. Na morte o ser humano se torna definitivo e também tudo aquilo que ele fez ou deixou de fazer. É uma presença total, sem passado e sem futuro.

b) Na morte, o ser humano conhece a si mesmo. Ele experimenta, no nível de entendimento, cognição, aquilo que realmente ele é. Ele toma consciência do seu inconsciente, numa dimensão pessoal, socio-estrutural e histórica. Ele penetra numa dimensão cósmica. Ao entrarmos no estado de morte poderemos perceber a importância de todo ato humano, seja ele qual for.

c) Na morte é o próprio ser humano quem se julga e não Deus. O ser humano, quando morre, não comparece frente a um juiz, e sim frente ao amor infinito de Deus. Deus não é um contador que procurará débitos e créditos de nossa existência.

d) Por fim, na morte, o ser humano fica diante do critério fundamental da existência humana: a pessoa e a mensagem de Jesus Cristo.

É na morte que, finalmente, o ser humano pode experimentar Deus como fim último de sua existência. Apesar de nossa limitação, de nosso pecado, o encontro com Deus é encontro de amor. É um encontro no qual a pessoa humana reconhece o que, na realidade, Deus pretendia com a totalidade de sua vida. Então, pode-se experimentar quão pouco se realiza daquele projeto humano que Deus tem para todos.

A morte é a única situação na qual o ser humano se encontra, de fato, sem instrumento de segurança, sem defesa ou justificativas que encubram aquilo que realmente ele é. Na morte existe um estado de pobreza absoluta, estado necessário para se encontrar diante de Deus. Constata-se, com evidência, que nada do que foi adquirido na experiência anterior serve para barganhar a sua realização final. Aqui, o ser humano estará, finalmente, em condições de amar, pois amar significa *ser com o outro.* É aqui que a existência humana encontrará, ou não, verdadeiramente, a razão última de sua existência.

A morte é um ato incondicional de fé em Deus, pois nela poderemos perceber que se não fosse pelo amor de Deus não teríamos condições de salvação. Mesmo as "boas obras" podem ser feitas por interesse próprio. É claro que isso não significa a rejeição à transformação da história. Ao contrário, é a radicalização, pois deveremos nos colocar a serviço do outro gratuitamente, pois Deus nos ama de modo absolutamente gratuito. É ato de fé porque a salvação de Deus não pode ser nem forçada e nem tomada à força. Devemos, na morte, finalmente aceitar Deus. Aceitar Deus como Ele é. A fé cristã nos remete justamente à percepção desta direção. No entanto, a fragilidade humana nos faz perceber o quanto é possível rejeitar Deus e seu projeto de amor na condução da história humana. E o que isto pode significar?

4.6. O purgatório e o inferno

Estamos chegando ao final da exposição sobre os últimos acontecimentos de nossa vida. Preparado o caminho com as reflexões anteriores, podemos entender melhor o que a doutrina cristã diz a respeito do futuro eterno. Vamos começar com o purgatório e o inferno. No próximo item encerraremos chegando ao céu.

A doutrina do *purgatório* demorou um pouco a ser estabelecida na Igreja. Ela surge no contexto da pergunta sobre a justiça de Deus e sobre a salvação: poderia alguém não ser salvo? Alguns teólogos antigos (*Padres da Igreja*) chegaram a defender a salvação universal de todos no juízo final (eles chamaram de *apokatástasis*). Contudo, retirados os exageros e tomando com cuidado a simbologia apocalíptica que ronda esta questão (também para o inferno e o céu), alguns elementos podem ser destacados:

a) O purgatório nos ensina que há uma profunda ligação entre perdão e conversão; por isso, até mesmo na morte haverá uma relação entre aquilo que fizemos de nossa vida e o perdão misericordioso de Deus que exigirá de nós conversão. Conversão também pelo fato da nossa vida estar no contexto histórico, e, por isso, a salvação está submetida ao conjunto dos acontecimentos estruturais que perpassam a nossa vida.

b) Na morte o ser humano será posto perante a necessidade de última conversão. A morte não elimina a possibilidade de evoluirmos frente ao conhecimento de Deus e isto pode representar certo esforço.

c) Como na morte existe ainda conversão, isto pode significar um processo doloroso: "Conforme a estrutura da personalidade que se construiu no decorrer da vida, a intensidade de dor, sentida na realização da última conversão, será maior ou menor. Esta última conversão é o que podemos chamar de purgatório". E todos sabem que a dor de consciência pode ser muito maior que a dor física.

d) O purgatório não tem duração de tempo, nem é lugar. Devemos ter em mente sempre, como já mencionamos anteriormente, que a noção de tempo e espaço está vinculada a nossa experiência terrestre. Somos nós que esperamos, e não quem morre.

Contudo, apesar da infinita misericórdia de Deus, "também na morte, o homem tem a possibilidade de recusar o amor de Deus" (BLANK, p. 175). Existe a possibilidade de dizer não ao convite salvífico de Deus. Neste caso o ser humano ficaria fixado na situação de morte. Seria uma espécie de *morte viva*. É viver *eternamente* sem participar do projeto amoroso de Deus. Porque a morte não termina com o discernimento humano, e é este último momento que será eternizado. E é aqui que se dá o inferno. O "caldeirão de fogo" é apenas um símbolo para dizer infelicidade eterna: viver sem Deus.

Então, haveria alguém na situação de inferno? Se pensarmos a situação de eternidade com os nossos conceitos de justiça distributiva certamente poderíamos fazer uma lista de condenados ao inferno. Mas, o amor de Deus é ilimitado, e nós, que amamos de maneira limitada, temos a pretensão de controlar o amor de Deus, de nos colocar no lugar de Deus. Assim, o inferno só pode ser apresentado como uma possibilidade. Por isso, a Igreja, sabiamente, nunca afirmou oficialmente quem está na situação de inferno, pois o amor de Deus é infinito e pode, apesar da necessidade de purificação, libertar o ser humano de sua própria condenação.

É preciso resgatar uma imagem de Deus que não nos oprima, de um Deus que não se impõe pela força, mas que nos diz com carinho como disse a Maria: "Não tenhas medo, Maria, porque encontraste graça diante de Deus" (Lc 1,30). A nossa pregação e vida deve se basear no amor de Deus e não no medo do inferno.

4.7. Juízo final, ressurreição e céu

Enfim, chegamos no "começo do fim". Derrubada as barreiras que não nos permitiam perceber o futuro em Deus como a realização completa de uma trajetória de amor, podemos vislumbrar o caminho que a tradição cristã chama de juízo final, ressurreição e céu.

O juízo final representa a dimensão comunitária da morte e que acontece no momento da morte. É na morte que poderemos constatar, de imediato, como fica a história da humanidade diante do mistério de Deus. É sempre bom lembrar que na eternidade não há nem antes nem depois, por isso a dimensão de espera é sempre para quem fica, e na eternidade se "espera" pela salvação daqueles que ficaram.

O cristianismo apresenta a realidade humana como uma *rede* de relações na qual ninguém está fora. Todos os nossos atos humanos possuem repercussão social, por menor que sejam: "Assim, a pergunta sobre o que o homem fez de sua existência individual é sempre e inevitavelmente pergunta pelas suas relações sociais e consequentemente também pelas suas responsabilidades sociais" (BLANK, p. 208). O que fiz com a minha vida implica sempre o que eu fiz com a vida dos outros.

O juízo final é constatação de que toda opressão, toda forma de dominação humana é um pecado frente ao projeto amoroso de Deus em salvar toda humanidade. Em fazer com a humanidade uma parceria eterna. E como não existe humanidade fora do contexto global da natureza, do universo, a salvação tem também uma dimensão cósmica. A natureza não está aí para ser destruída e sim para ser instrumento de salvação.

Assim, diante deste juízo estaremos ressuscitando, imediatamente, com toda a nossa vida. Como é a vida ressuscitada? Só podemos responder a esta pergunta usando símbolos que nos permitam uma aproximação, pois, como insistimos, muitas vezes, a eternidade não pode ser medida com as nossas categorias de tempo e espaço. Com Paulo só podemos dizer: "...semeado corruptível, o corpo ressuscita incorruptível" (cf. 1Cor 15,35-44).

De tudo que foi colocado, ainda que sinteticamente, depreende-se que o céu, obviamente, não é um lugar, e sim um estado de vida. Um estado de vida no qual o amor será elevado à perfeição (1Cor 13). *Céu: viver eternamente com Deus, esta é a felicidade.*

Não se pode propor Deus à humanidade como uma ameaça, baseado numa *ideologia do medo*. Deus não é um carrasco que fica esperando a agonia de suas vítimas. E, além disso, para onde nos levou a teologia da ameaça do *fogo do inferno?* Depois de dois milênios de cristianismo se conseguiu superar, sensivelmente, os infernos de nossa história? Na verdade, a reflexão escatológica nos leva a concluir que para vivermos com Deus devemos estar num contínuo processo de conversão, no qual a morte é o ápice, o ponto culminante, deste processo.

Não podemos falar de um outro lugar eterno se não nos colocamos, desde já, a serviço da superação das situações que podem nos conduzir à morte eterna. Assim, colocar-se a caminho de Deus é ser capaz de viver a contradição, é ser capaz de conviver com os nossos limites e colocar o que somos a serviço da vida, da nossa vida e da vida dos outros. É preciso correr nesta direção. Como diria São Bento:

> Correi enquanto tendes a luz da vida.
> Correi no caminho dos mandamentos de Deus.
> Cumpre correr e agir agora de forma que nos aproveite para sempre.

Sugestões bibliográficas

Como já indicamos no interior de nossa reflexão, muito nos ajudou o teólogo Renold J. BLANK com o livro *Escatologia da Pessoa* (São Paulo: Paulus, 2000). O autor tem várias obras a respeito do assunto.

Também indicamos o livro de Jean-Yves LELOUP e Marie de HEN-NEZEL: *A arte de morrer* (Petrópolis: Vozes, 2002).

V

A Igreja: continuando a missão de Jesus Cristo

5.1. Introdução

No itinerário realizado neste livro, até o momento, procuramos colocar o núcleo básico da fé cristã organizado pela reflexão teológica. Ao longo das reflexões identificamos o que é teologia, resgatamos uma visão de pessoa humana de acordo com o projeto de Deus narrado na Bíblia, buscamos perceber como Deus continua presente na história humana e finalmente como os seres humanos respondem, pela fé, ao convite amoroso de Deus a que chamamos de salvação. Caminhamos com Jesus Cristo para aprofundar mais o desejo salvífico de Deus por toda a criação, e nela o ser humano em especial, e procuramos vislumbrar o futuro de plenitude – escatologia – que é reservado a todos e a todas que fazem de suas vidas um caminho de amor, porque **Deus é amor**.

Porém, tudo o que foi colocado só foi possível porque depois da passagem de Jesus de Nazaré, o Cristo, na história da humanidade, os que fizeram a experiência da ressurreição puderam perceber o desejo de Deus de dar continuidade ao seu projeto amoroso e assim reuniram-se em assembleia, como povo reunido, para viver e celebrar a fé naquele que passou fazendo o bem (At 10,38). A palavra Igreja (*Eclésia*) em grego quer dizer *assembleia*, porém uma assembleia de povo reunido. Portanto, a Igreja tem seu sentido pleno enquanto reunião daqueles(as) que seguem Jesus Cristo. O prédio serve como sinal, para apontar o simbolismo da fé daqueles que creem, e também como instrumento necessário para a celebração da memória do Caminho de Jesus.

O leitor ou a leitora que tem alguma aproximação com a teologia já deve ter atinado para o fato de estarmos abordando agora a reflexão que é chamada de *eclesiologia*, isto é, o estudo do caminho do Povo de Deus em Cristo Jesus. É esta uma reflexão hoje bastante complexa, pois a Igreja possui também uma dimensão humana, e como diz o Concílio Vaticano II, no documento conhecido como *Lumen Gentium* "...a Igreja, reunindo em seu próprio seio os pecadores, ao mesmo tempo santa e sempre na necessidade de purificar-se, busca sem cessar a penitência e a renovação" (n. 8). E, no momento atual, cremos que há necessidade de penitência e renovação.

A nossa opção, neste capítulo, será a de tentar acompanhar como a Igreja, ao longo da história, manteve fidelidade ao caminho deixado por Jesus Cristo. Como se constituiu Igreja *Católica* (universal), porque o cristianismo deve ser destinado a todas as culturas – quanto mais católica mais capacidade de diálogo deve existir; a Igreja *apostólica*, porque fundada na fé da comunidade apostólica dos primeiros tempos; a Igreja *una*, porque é reunida pelo amor de Cristo, Aquele que pediu ao Pai "que todos sejam um" (Jo 17,21) e "que derrubou o muro de separação e suprimiu em sua carne a inimizade" (Ef 2,14); e a Igreja *Santa*, porque procura conduzir os seres humanos para o sentido radical da vida. Caminho que, na verdade, pode ser realizado por várias igrejas, umas com mais fidelidade, outras com menos. Contudo, aqui não vamos buscar encontrar qual seja a verdadeira Igreja, e sim os critérios para ser Igreja de Jesus Cristo. As chamadas 4 propriedades da verdadeira Igreja (católica, apostólica, una e santa) não devem servir de argumento para manter a divisão no interior do cristianismo, mas sim para aprofundar a unidade.

Portanto, mais do que uma reflexão eclesiológica, faremos uma caminhada pelos séculos para meditarmos nas virtudes que mantiveram o povo reunido em torno do mistério da páscoa de Cristo, e, ao mesmo tempo, ter consciência dos pecados que distanciaram a comunidade do testemunho do Reino de Deus na realidade do mundo, tornando assim mais difícil a conversão. Durante a narrativa histórica procuraremos salientar alguns aspectos doutrinários de como foram formulados, a exemplo dos sacramentos, mas sem realizar uma reflexão mais detalhada. Nosso objetivo é mostrar, como já indicamos, de que modo a Igreja e depois as igrejas mantiveram ou não coerência com a mensagem e a vida daquele que deu origem ao cristianismo: Jesus Cristo.

5.2. O cristianismo do início

Após a morte e ressurreição de Jesus Cristo, os seus seguidores, motivados agora pela experiência do encontro com Deus na pessoa e mensagem do nazareno, percebem de imediato a necessidade de dar continuidade ao programa de vida deixado por Ele: o Reino de Deus. Diante do encontro transformador com o Ressuscitado, que resgata o caminho da Páscoa começado no interior da história, os discípulos e discípulas, sob inspiração do Espírito Santo, fundam a Igreja desejada pelo Mestre.

No início eles se predispuseram simplesmente a seguir **O Caminho**, nome que eles escolheram para significar a continuidade do Projeto de Deus realizado em Jesus Cristo, como testemunha o primeiro grande livro de história da Igreja, Atos dos Apóstolos. Em várias passagens, entre as quais está aquela onde se faz menção à perseguição que o então Saulo (depois da conversão passará a se chamar Paulo) promovia: "Saulo, contudo, respirando ameaças e morticínios contra os discípulos do Senhor, foi procurar o Sumo Sacerdote e pediu-lhe cartas para as sinagogas de Damasco, a fim de que, se encontrasse alguns adeptos do **Caminho**, homens ou mulheres, ele os trouxesse agrilhoados para Jerusalém" (At 9,1). Algum tempo depois, os seguidores do Caminho foram apelidados de cristãos na cidade de Antioquia, por volta do ano 50: "Foi em Antioquia que, pela primeira vez, os discípulos receberam o nome de cristãos" (At 11,26).

A razão da perseguição estava no fato de que a Igreja dos primeiros tempos, apesar de não romper imediatamente com o judaísmo, questionava o modelo teológico predominante até então. O cristianismo era entendido como uma "seita judaica", tanto que se mantiveram, durante algumas décadas, práticas rituais do povo judeu: "Dia após dia, unânimes, frequentavam assiduamente o Templo..." (At 2,46). Fato evidente, pois os primeiros cristãos eram todos judeus. O próprio livro dos Atos dos Apóstolos faz uma síntese das razões dos conflitos na narrativa do martírio de Estêvão (At 7,8).

Porém, um fato novo muda o rumo da comunidade do início: a conversão de Saulo. Agora, Paulo, o apóstolo das viagens missionárias, irá provocar os primeiros seguidores a perceber que a mensagem de Jesus Cristo não se esgotava nas fronteiras de Israel. Inicia-se então um processo de fundação de vários centros de aprofundamento do cristianismo, em diversas cidades do então Império Romano, inclusive na capital Roma, onde Pedro e Paulo foram martirizados. Também o Império começara a perseguir o cristianismo, pois esta fé representava uma ameaça à autoridade divina do imperador como então era concebida.

E assim, lenta e decididamente, os cristãos começaram a se estruturar até o rompimento definitivo com o judaísmo, antes do final do século primeiro. Passaram a aprimorar as reuniões do primeiro dia da semana, que no futuro se chamará *Die Dominus*, Domingo, dia do Senhor. Passaram a distribuir os serviços, fundaram novos ministérios (serviços), como os diáconos (At 6,1-7), sempre de acordo com a necessidade da comunidade. E é claro que o caminho realizado ao longo do tempo, para dar continuidade ao Projeto de Jesus Cristo, não era feito sem dificuldades. A comunidade inicial vivia sua fé sob a graça do Espírito, mas quem participava dela eram pessoas humanas, pecadoras, passíveis de limitações. Ananias e Safira, por exemplo, enganaram a comunidade (At 5,1-11). Houve o caso de Simão, o mago, que queria comprar o poder do Espírito com dinheiro, a quem Pedro respondeu: "Pereça o teu dinheiro, e tu com ele, porque acreditaste ser possível com dinheiro comprar o Espírito Santo" (At 8,20). Também não foi fácil abrir mão de determinadas tradições judaicas como a circuncisão. Percebe-se assim, logo no início da história da Igreja, a necessidade constante de se voltar ao Projeto de Jesus Cristo. Nos próximos tópicos, ao passar pelos caminhos que o cristianismo assumiu, estaremos retomando esta necessidade constantemente.

5.3. Ser cristão(ã) em tempos de perseguição: do século I ao III

No tópico anterior foi apresentado o nascimento da Igreja: O Caminho. Vamos continuar a passear pela história para perceber o modo como, ao passar do tempo, vai se vivendo ou não aquilo que Jesus Cristo nos deixou. E fazemos isto não apenas para entender o passado, mas para viver melhor o presente buscando fidelidade ao Reino de Deus.

Animados pela esperança experimentada em Jesus Ressuscitado, os cristãos se puseram a caminhar pelas estradas da vida. A fé na ressurreição não tornava a vida de quem a aceitava um paraíso. A transformação que se dava era no sentido da vida. A vida ganhava um novo sabor a partir do momento em que se compreendia como a presença mistérica de Deus continuava no meio da história humana. Ora, a fidelidade ao Caminho trazia, necessariamente, confronto com outras concepções de mundo no qual a vida dos cristãos se desenrolava. Na verdade, nos primeiros séculos foi muito difícil compreender que tipo de vida era aquela pretendida por aqueles e aquelas que se diziam seguidores(as) de Jesus Cristo. E, como ainda hoje, diante daquilo que não se compreende é fácil tecer argumentos sem fundamento, mas que podem trazer grande prejuízo. No caso do cristianismo do começo a consequência mais drástica foi a perseguição e sua forma mais cruel: o martírio.

Quem entrava para a comunidade cristã podia ser acusado, por exemplo, de praticar *incesto*, pois se reuniam à noite e chamavam todos de irmãos e irmãs. Foram acusados também de serem *antropófagos*, isto é, como diziam se alimentar do corpo e sangue de Cristo, fazia-se a crítica, pois comer carne humana é antropofagia. Os romanos diziam que os adeptos do cristianismo eram supersticiosos, e alguns romanos chegaram a dizer que eram "ateus", pois não adoravam os deuses considerados verdadeiros. Não faltaram "intelectuais" para comprovar, por escrito, tais acusações. É interessante, mesmo tomando um bom espaço deste tópico, ler o testemunho histórico de um deles. Vamos descrever o que Luciano, escritor grego, que viveu entre 125-192, narra: *"Esses infelizes estão, antes de tudo, convencidos de que são imortais e de que viverão eternamente. Por conseguinte, desprezam a morte, que muitos chegam a enfrentar voluntariamente. Seu primeiro legislador os persuadiu que todos eram irmãos. A partir do momento em que abjuraram os deuses da Grécia, eles adoram seu sofista crucificado e amoldam sua vida a seus preceitos. Eles também desprezam todos os bens e os mantêm para um uso comum [...]. Se entre eles surgir um impostor hábil, que saiba beneficiar-se da situação, poderá enriquecer rapidamente, manejando como quiser essas pessoas que não percebem nada"* (texto extraído do livro de Jean Comby: *Para ler a história da Igreja I*, p. 34). É interessante observar como o aviso de Luciano continua sendo válido hoje, no sentido de que a ausência de profundidade pode levar o cristianismo ao serviço de líderes carismáticos cujo objetivo é o enriquecimento.

Para muitos dos contemporâneos do cristianismo dos primeiros tempos, tratava-se de uma experiência religiosa absurda. Absurdo que conduziu uma boa quantidade deles, literalmente, à boca do leão. As perseguições violentas se estenderam por três séculos, promovidas, sobretudo, pelo Império Romano. O Imperador Nero (54-68) mandou incendiar Roma e acusou os cristãos. Houve alguns poucos momentos de trégua e a perseguição e o martírio continuaram, algumas vezes de forma extremamente violenta, até o século IV, quando houve uma reviravolta e o Império Romano mudou de posição. Mas, antes de descrevermos este tempo, nos próximos tópicos, veremos ainda como era a vida e a organização cristã nestes primeiros séculos.

5.4. A vida e a organização do cristianismo nos primeiros séculos

Como já foi apresentado anteriormente, os primeiros séculos foram vividos debaixo de perseguições. Porém, isto não impediu a procura de uma organização para testemunhar o Evangelho, sempre na perspectiva de fidelidade ao Caminho de Jesus Cristo. Para a Igreja dos primeiros tempos era evidente que para acolher a Boa-Nova de Jesus se fazia necessário mudar de vida.

No início o espaço da comunidade eclesial era a casa dos cristãos(ãs). Com o crescimento das adesões ao projeto de Jesus aconteceram doações de casas que ficavam reservadas, exclusivamente, ao culto. O mais antigo prédio cristão conhecido é a casa-igreja do Doura Europos, às margens do Rio Eufrates (por volta do ano 250). Somente quando o Império Romano deixou de perseguir o cristianismo e o adotou como sua religião é que surgiram as primeiras igrejas (prédios) nos moldes como conhecemos hoje.

Na comunidade eclesial que se reunia pelas casas é que se dava a iniciação, cujo processo começava com a preparação para o batismo, passava pela eucaristia e pela confirmação, ainda hoje chamados de sacramentos de iniciação. Vejam o que diz um antigo manual do missionário (século II) daquele tempo, com o nome de *Didaché*, sobre o batismo: *"No que se refere ao batismo, ministrai-o da seguinte maneira: após terdes ensinado tudo o que precede, 'batizai em nome do Pai, do Filho e do Espírito Santo' (Mt 29,19) na água viva. Se não houver água viva, que se batize (mergulhe) numa outra água; e, na ausência de água fria, na água quente. Se não tiverdes nem uma nem outra, derramai água sobre a cabeça por três vezes 'em nome do Pai, do Filho e do Espírito Santo'"*. Neste momento era mais comum o batismo de adultos, embora já houvesse batismo de crianças. Mas, é interessante observar o sentido da adaptação que a comunidade dos primeiros tempos tinha no que se refere à água.

A eucaristia era o centro da vivência espiritual. O cume do processo de vida, comprometida com a história, daqueles que seguiam o Caminho de Jesus Cristo. Então, como conta Justino (século II), era comum a reunião no primeiro dia da semana, chamado de "Dia do Sol" (na língua inglesa *Sunday*) que passará a se chamar, também debaixo da confirmação do Império Romano, de Dia do Senhor (Domingo): *"No dia a que se dá o nome de dia do sol, todos, nas cidades e no campo, se reúnem num mesmo lugar: leem-se as memórias dos Apóstolos e os escritos dos profetas, tanto quanto o tempo permitir* (hoje na nossa vida atribulada só lemos três, e à vezes ainda suprimimos uma leitura). *Quando o leitor terminou, aquele que preside faz um discurso para advertir e para exortar à imitação desses belos ensinamentos. Em seguida, nós nos levantamos e rezamos em conjunto, em voz alta. Depois, quando acaba a oração, traz-se o pão, juntamente com o vinho e a água. Aquele que preside eleva aos céus as orações e as eucaristias (ações de graças), tanto quanto possível, e todas as pessoas respondem com a aclamação AMÉM"*.

É importante ressaltar que para organizar a vida cristã havia uma riqueza de serviços (ministérios) e uma ampla participação. Em comunidades de origem mais judaicas havia um *colégio de anciãos (em grego ancião se chama presbítero)*. A partir da cidade de Antioquia surgem os *missionários itinerantes*, buscando realizar a missão em diversos lugares. Com o crescimento das comunidades surge o *epíscopo* (bispo, palavra grega que significa supervisor), os diáconos e outros. Quanto ao diaconato há um dado interessante. Na carta da "Didascália dos Apóstolos" fala-se de **diaconisas** na Igreja da Síria (século III): *"...Pois existem casas para as quais não podes enviar um diácono para junto das mulheres, por causa dos pagãos, mas podes enviar uma diaconisa"*. Enfim, a Igreja una, porque anuncia uma única mensagem e transmite uma única tradição dos Apóstolos, realiza-se na riqueza e diversidade das comunidades onde o Evangelho é assumido na integralidade, dentro da trajetória apontada e vivida por Jesus Cristo, nosso Mestre e Senhor.

5.5. O fim das perseguições e a era constantiniana: século IV

Nos primeiros 300 anos de cristianismo, apesar das perseguições, as adesões se deram em grande quantidade. Intelectuais, militares, pessoas de posse, funcionários do império, gente do povo e escravos, somavam entre aqueles que buscavam se reunir na comunidade de Cristo. Ora, no final do século III o Império Romano passava por uma grande crise. Surge então um imperador que modificará não somente o caminho de Roma bem como do próprio cristianismo: Constantino.

Constantino, que segundo a lenda se converteu ao cristianismo depois de uma vitória no campo de batalha atribuída a Cristo (Batalha de Ponte Mílvio, 312), traça uma política diferente dos imperadores anteriores, e, numa política de aliança com Licínio, imperador do Oriente, "une" o império reunindo todos os seguimentos, inclusive o cristianismo. Publica-se uma lei conhecida como Edito de Milão (313) na qual se permite o culto cristão de forma legal, até então proibido: *"Eu, Constantino Augusto, assim como eu Licínio Augusto, venturosamente reunidos em Milão, para discutir todos os problemas relativos à segurança e ao bem público, acreditamos dever regulamentar, em primeiro lugar, entre outras disposições de natureza a assegurar, segundo nós, o bem da maioria, aquelas sobre as quais repousa o respeito pela divindade, ou seja, dar aos cristãos, como a todos, a liberdade e a possibilidade de seguir a religião de sua escolha..."* (*Para ler a história da Igreja*, p. 48).

Mas Constantino, em sua política "unificadora", entra em litígio com Licínio, colocando como pano de fundo uma questão religiosa, isto é, que Licínio agora está contra a Igreja. Então marcha contra ele, derrotando-o e o assassinando, tornando-se único imperador em 324. De fato, os dados da história não nos permitem reconhecer em Constantino um cristão, mas um político que se utiliza da religião para manter o poder. Ele será batizado em seu leito de morte em 337, mas antes disso cometerá numerosos crimes, entre os quais condenar à morte seu sogro, três cunhados, um filho e sua mulher.

Contudo, a política constantiniana foi implantada. Seus sucessores deram continuidade ao seu projeto, e o Imperador Teodósio, em 380, dá o "tiro de misericórdia", transforma o cristianismo em religião oficial do império no Edito de Tessalônica: *"Desejamos que todos os povos que se encontram sob a branda autoridade de Nossa Clemência vivam na fé que o santo Apóstolo Pedro transmitiu aos romanos, que é pregada até os dias de hoje, como ele próprio a pregara, e que é seguida, como é do conhecimento de todos, pelo Pontífice Dâmaso e pelo bispo Pedro de Alexandria [...]. Decretamos que só terão o direito de se dizer cristãos católicos aqueles que se submeterem a essa lei e que todos os outros são loucos e insensatos sobre os quais pesará a vergonha da heresia. Eles poderão contar, em primeiro lugar, com serem o objeto da vingança divina e, em seguida, com serem castigados também por nós, segundo a decisão que o céu nos inspirou"* (*Para ler a história da Igreja*, p. 76).

Vejam, leitores e leitoras, o desafio que se abre para aqueles(as) que sinceramente buscarão, doravante, fidelidade ao projeto de Jesus Cristo. O poder que perseguiu o cristianismo durante trezentos anos, agora persegue quem não é cristão. Radicaliza-se uma perspectiva, isto é, viver a fé cristã é viver em meio a uma grande contradição. Antes a contradição estava evidente: a perseguição. Agora a contradição, camuflada, é ser fiel ao caminho de Jesus Cristo, sem cair nas malhas do poder dominador. Obviamente que isto não impediu a fidelidade, pois muitas coisas boas aconteceram. Porém, muitos, em "nome de Cristo", também realizaram muitas atrocidades.

5.6. A solidificação da doutrina: séculos IV e V

A era constantiniana decretou o fim das perseguições e o início de uma nova relação entre o poder e os seguidores de Jesus Cristo. Este novo momento, mesmo trazendo complicações profundas, possibilitou tranquilidade para que o cristianismo aprofundasse as razões de sua esperança no interior da história humana. Mas, por outro lado, com mais de trezentos anos de história e a distância do núcleo fundador, fez surgir divergências, como é comum na existência humana, sobre o real significado da mensagem de Jesus Cristo e sobre o próprio Jesus Cristo. Até mesmo o Imperador Constantino chegou a convocar um dos grandes concílios do cristianismo, o Concílio de Niceia, no ano de 325. Neste concílio os bispos condenam a afirmação de um outro bispo chamado Ario que dizia ser Jesus Cristo criado pelo Pai e não igual ao Pai. Será comum, daí para frente, que outros imperadores façam convocação de concílios.

Contudo, além desta, outras controvérsias permaneceram. Assim, graças às dúvidas foi se constituindo a base de fundamentação do cristianismo. Porém, um dado interessante é que as discussões teológicas tomavam as ruas do império, como testemunha Gregório de Nissa: *"Todos os lugares da cidade estão tomados por esses propósitos, as ruelas, as encruzilhadas, as praças, as avenidas. Eles foram incorporados pelos comerciantes de roupas, pelos cambistas, pelos merceeiros. Se perguntas ao cambista o valor de uma moeda, ele te responde com uma dissertação sobre o gerado e o não gerado. Se te informas sobre a qualidade e o preço do pão, o padeiro responde: 'O Pai é maior e o Filho lhe será submetido'. Quando perguntas, nas termas, se o banho está pronto, o gerente declara que o Filho se originou do nada"* (*Para ler a história da Igreja*, p. 95).

Os séculos IV e V foram ricos de encontros conciliares que deixaram praticamente estabelecida a doutrina cristã. Outra grande controvérsia que precisou de dois concílios para ser resolvida foi quanto à unidade entre a natureza divina e humana de Jesus Cristo. Foi realizado o Concílio de Éfeso em 431 e o Concílio de Calcedônia em 451. Havia dúvida de como a divindade se realizava em Jesus Cristo. Uns diziam que a humanidade de Jesus era apenas aparente, isto é, uma espécie de projeção divina para se fazer comunicar com os seres humanos. Outros diziam que Deus apenas se utilizou do ser humano Jesus para se comunicar, uma espécie de alto-falante divino. Ora, em Calcedônia finalmente foi proclamada a doutrina correta: *"Seguindo, por conseguinte, os Santos Padres, proclamamos todos a uma só voz um único e mesmo Filho, nosso Senhor Jesus Cristo, o mesmo perfeito em di-*

vindade, o mesmo perfeito em humanidade, o mesmo Deus verdadeiro e homem verdadeiro..." (*Para ler a história da Igreja*, p. 99).

O que é interessante observar, apesar da breve exposição acima, é que há um processo contínuo de solidificação da experiência de encontro com o Senhor que se cristaliza em uma doutrina. Que viver a fé cristã supõe sempre buscar aprofundar o seu núcleo básico (a vida, paixão, morte e ressurreição de Jesus Cristo) dentro de uma nova realidade cultural. A história exige aprofundamento constante, abertura para o novo, capacidade de se debruçar sobre os desafios para superá-los em vista do testemunho e não simplesmente para confirmar um poder institucionalizado. Por isso, é importante refletir sobre a fé, como fizeram os Santos Padres citados na narrativa do dogma de Calcedônia. Estes cristãos foram peças-chave na formulação da fé. Por isso, antes de prosseguirmos com a história, vamos nos deter um pouco sobre eles.

5.7. Os Santos Padres: os teólogos dos primeiros tempos

A fé que nasce do seguimento de Jesus Cristo é uma fé encarnada na história humana. Por isso, a cada novo tempo, os que tentam manter fidelidade ao caminho de Jesus procuram buscar coerência na relação entre o sentido proporcionado pela Páscoa e a realidade do mundo no qual se procura testemunhar este mesmo sentido. Então, surgem interrogações, dúvidas, questionamentos, que desafiam o sentido cristão de ser. Nos primeiros séculos esta relação entre o desejo humano de encontrar Deus e a iniciativa dele de se fazer presente na nossa vida fica evidente no esforço que alguns cristãos dos tempos iniciais fizeram em demonstrar a validade do encontro com o Deus de Jesus Cristo. Foram pessoas fundamentais no processo de solidificação da doutrina e ficaram conhecidos como os "Padres da Igreja", isto é, *os pais da fé*. Grandes teólogos que formularam narrativas brilhantes para divulgar e manter o cristianismo fiel ao projeto do Reino de Deus.

A história da Igreja chega a estabelecer um tempo privilegiado para identificar o período dos padres: *a patrística*. Período que, de modo geral, vai do século primeiro ao século sétimo. Nosso livro é muito pequeno para dar conta deste tempo. Precisaria no mínimo um livro inteiro para cada um deles: Inácio de Antioquia, Justino, Irineu, Orígenes, Atanásio, Basílio, Gregório de Nissa, Jerônimo, João Crisóstomo, Ambrósio, Agostinho, Gregório Magno, entre outros. Porém, vamos fazer algumas referências de dois deles, apenas para mostrar que a fé é uma experiência viva, que nos estimula sempre a uma profunda sintonia com a realidade em que vivemos.

Quando encontramos o testemunho de Justino (nasceu por volta do ano 100 e morreu por volta de 165), por exemplo, que foi leigo, observamos o seu profundo dialogar com a filosofia, pois ele era filósofo. Demonstração clara que o conhecimento não nos afasta, necessariamente, de Deus. Ele formulou bem a presença do *Logos* (Jesus Cristo), Palavra do Pai, na vida de todos aqueles que amam: *"Foi-nos ensinado que Jesus Cristo é o primogênito de Deus, e nós o declaramos seu* Logos. *Todo o gênero humano participa dele. Então, aqueles que viveram segundo o* Logos *são cristãos, ainda que tenham sido considerados ateus..."* (I apol., 46).

E como não admirar a profunda busca de Agostinho de Hipona, este africano que nasceu em 354, em Tagaste, cidade da Argélia de hoje, e que morreu em 430. Com uma juventude conturbada, na qual inclusive travou relacionamento amoroso com uma mulher com quem teve um filho, chamado Adeodato. Sua família não permitiu o casamento, pois considerava a mulher de nível inferior. Mas, em sua busca acaba recebendo o batismo das mãos de Ambrósio, outro grande padre, que se tornou bispo de Milão por aclamação do povo. Agostinho se tornou bispo de Hipona, e, em sua trajetória cristã, foi responsável por brilhantes fundamentações teológicas, entre as quais a doutrina da graça. Como poucos, defendeu a necessidade de refletir o mistério cristão, para não cairmos em armadilhas, por isso afirmava: *"Longe de nós pensar que Deus possa odiar em nós aquela faculdade pela qual nos criou su-*

periores ao resto dos animais. Longe de nós pensar que a fé nos incita a recusar ou a deixar de buscar a razão, pois nem mesmo poderíamos crer se não tivéssemos almas racionais" (Carta 120,3).

Portanto, irmãos e irmãs, precisamos aprender dos padres como manter sempre a vontade de aprofundar a nossa fé, sem medo de encontrar os desafios do mundo. Ao contrário, indo ao encontro deles.

5.8. Da solidificação à expansão: do século V ao XV

Relembrando o nosso objetivo, mais do que realizar uma narrativa exclusivamente histórica, tem-se procurado mostrar, através da história, como a Comunidade Eclesial Cristã manteve viva a experiência do seguimento do Caminho de Jesus Cristo. Não tem sido nossa intenção demonstrar os detalhes, mas perpassar alguns aspectos orientadores para a nossa prática no presente. Por isso, vamos fazer um grande salto. Depois da solidificação da doutrina nos primeiros séculos a Igreja, neste momento já misturada à realidade social do Império Romano, enfrentará desafios grandiosos, não mais de resistência às perseguições violentas e sangrentas, mas de relações sociais, políticas e econômicas. Trata-se de um período de profundas contradições onde podemos encontrar grandes testemunhas da fé, a exemplo de Francisco de Assis (1181-1226), bem como iniciativas de triste lembrança como cruzadas e inquisição.

Após um período de retomada, o Império Romano entra de novo em crise. E desta vez a crise conduzirá para o seu fim. E como o cristianismo havia se adaptado às estruturas do império, em sua organização eclesial, também terá que se refazer. É o momento das chamadas invasões bárbaras (a palavra bárbaro quer dizer estrangeiro), povos germânicos, francos e saxões. No entanto, o cristianismo já havia se enraizado na cultura popular e os povos bárbaros também começaram a se "converter". Neste período um grande líder do povo Franco, o Imperador Clóvis, assim como Constantino no século IV, também se converte, e por uma razão semelhante: a vitória em uma batalha. E assim, com sucessivas conversões de lideranças, e inclusive tolerância a costumes dos pagãos, o cristianismo reencontra meios para a sua manutenção. É interessante verificar o que o Papa Gregório Magno diz para o monge beneditino Agostinho que é enviado à Inglaterra para evangelizar os anglos no início do século VII: *"Que se destrua o menor número possível de templos pagãos, mas que se destruam somente seus ídolos, que sejam aspergidos com água benta, que se construam altares e que se ponham as relíquias nos edifícios..."* Seríamos nós hoje capazes de transformar um terreiro de Umbanda em uma comunidade católica?

Porém, mais do que nunca, os interesses de imperadores e poderosos vão se misturar aos costumes cristãos. A Europa será cristianizada, mas não sem alguns sofrimentos, pois a confusão dos interesses provocará muitos desvios. Não podemos deixar de lembrar que este caminho conduziu à primeira grande ruptura dentro do cristianismo. Em 1054 acontece o cisma entre a Igreja Latina e a Igreja Grega, com excomunhões recíprocas, surgindo a Igreja Ortodoxa, cujas razões foram mais de ordem política do que de ordem religiosa. O diálogo só foi retomado, oficialmente, com o Papa Paulo VI e o Patriarca Atenágoras em 7 de dezembro de 1965, que em encontros entre os dois realizaram uma declaração conjunta identificando o pecado cometido no passado.

A história prosseguirá e encontraremos momentos de profunda dor para o cristianismo, chegando a haver, ao mesmo tempo, três papas, e que levou o teólogo da época, João Pequeno (393), a escrever uma oração com o seguinte título: *"O queixume da Senhora Igreja"*, na qual, entre outras coisas, ele afirma o seguinte sobre a Senhora Igreja: *"Minha cabeça e meu corpo estão divididos e partidos em muitos pedaços. Pelo amor de Deus, cristãos, vede o que me poderia prontamente curar [...]".* Neste tempo devemos ressaltar um grande espaço de preservação da fé cristã: os mosteiros. Neles será guardada a herança do Caminho de Jesus. Contudo, apesar dos monges, foi-se configurando uma situação bastante ruim, pois o ápice desta crise será a reforma protestante.

5.9. A reforma protestante

A cultura ocidental inicia um profundo processo de mudança. Começa a nascer, no século XVI, a cultura moderna, que se confrontará com posições até então cristalizadas. Somando este acontecimento com uma série de circunstâncias, entre as quais aquelas referidas anteriormente, como alianças de cristãos com poderes dominadores, vive- se em um momento no qual a Igreja não atende à expectativa de muitos cristãos. Havendo, inclusive, abuso de papas e bispos na manutenção de seus cargos. Neste contexto, há um clamor por reformas, uma inquietação popular para que a Igreja fale a sua linguagem. É interessante lembrar aqui um grande crescimento das devoções, sobretudo a mariana. Rezar o Rosário, muitas vezes, era o que restava ao povo. É em torno desta situação que o monge agostiniano Martinho Lutero vai publicar as suas famosas 95 teses contra as indulgências no dia 31 de outubro de 1517. Eis uma delas, a 27: *"Pregam invenções humanas aqueles que pretendem que, tão logo o dinheiro ressoa em sua caixa, a alma sai do Purgatório".*

Nasce então um movimento de reforma que, infelizmente, desencadeia a maior divisão que o cristianismo conhecerá. Evidentemente que o protesto de Lutero encontra uma situação favorável, pois os abusos realizados pela Igreja vão suscitar muitos opositores, além do fato de muitos reis e príncipes encontrarem um motivo para não mais ficar debaixo do jugo papal. No entanto, o próprio Lutero não percebeu o quanto ele podia ajudar a Igreja a mudar. Tanto que, no interior do próprio protestantismo nascente, não se percebeu a necessidade de reconduzir o Evangelho aos pobres. Um reformador chamado Thomas Münster, que levou o Evangelho para os camponeses alemães, acabou decapitado em 1525, pois oferecia aos pobres a possibilidade de encontrar um Jesus Cristo que os tornava sujeitos da própria história. Dizia Münster: *"Eis por que é preciso derrubar o trono dos poderosos, orgulhosos e ímpios, tendo em vista que eles constituem um obstáculo em si mesmos e em todo o mundo à santa verdadeira fé cristã, uma vez que ela deseja expandir-se com toda a sua autêntica natureza original [...]. Ah! Se os po-*

bres camponeses reprovados soubessem disso, como poderiam obter proveito! Deus despreza os grandes senhores, tais como Herodes, Caifás, Anás, acolhendo em seu serviço os humildes, como Maria, Zacarias e Isabel [...]. Estes não portavam grandes barretes, insígnias de títulos prestigiosos, como os possui hoje a Igreja dos ímpios."

Lutero abriu caminho para outros reformadores aparecerem, como, por exemplo, João Calvino na França e Zwinglio na Suíça. E assim o cristianismo, já machucado pela divisão de 1054, ramificou-se em diversas correntes. A unidade foi desfeita e, durante muitos anos, em vez de se buscar caminhos de superação das divergências, foi-se ampliando a separação. Por conta de saber com quem estava a verdade, se entre os que utilizavam somente a Sagrada Escritura (os protestantes) como critério, ou entre os que mantinham o critério da Escritura e Tradição juntas (católicos), não se percebia que o fundamental era realizar o projeto de Jesus Cristo na realidade da vida.

Hoje, graças a Deus, começamos a vislumbrar alguns caminhos de superação. O movimento ecumênico vem crescendo, e apesar das resistências alguns gestos nos permitem ter esperança, como a assinatura em 31 de outubro de 1999 da declaração conjunta entre a Igreja Luterana e a Igreja Católica quanto à Justificação por Graça e Fé. Certamente que a unidade não significará mais o estabelecimento de uma única instituição eclesial, mas sim o reconhecimento de caminhos espirituais diferentes para realizar os sinais do Reino de Deus no caminho da vida humana dentro da sociedade.

Porém, estamos fazendo análise histórica. Por isso, vamos refletir um pouco sobre a resposta católica aos reformadores, sobretudo, com o Concílio de Trento.

5.10. A resposta católica: o Concílio de Trento

No item anterior apresentamos um dos momentos mais contundentes para a vida do cristianismo ao longo desses 2.000 anos: a reforma protestante. Fato que não deve ser analisado apenas sob um ponto de vista negativo, já que as condições eram favoráveis para o clamor dos reformadores. Certamente que a consequência provocou uma ferida profunda, porém a Igreja precisava de uma sacudida. E foi o que aconteceu. Os protestantes seguiram o seu caminho, e a Igreja Católica Apostólica Romana se reestruturou. A base da reestruturação foi o Concílio de Trento (1545-1563). Foi o Concílio mais longo da história da Igreja. Nisto se constata a gravidade da situação.

Trento foi uma resposta tão bem trabalhada que até hoje está fortemente arraigada no inconsciente coletivo da cultura católica. Aí está a sua virtude, mas também um problema, pois o tempo foi passando e a resposta de Trento não respondia mais aos desafios do novo momento cultural que ia se desenvolvendo – o mundo moderno. Passou a existir certo medo, como de certa forma ainda existe, de mexer em uma estrutura que resolveu a situação crítica na qual, naquele momento, a Igreja se encontrava.

Trento redefiniu muitas coisas. Afirmou o princípio da fé fundada na Escritura e na Tradição. Decreta e confirma, definitivamente, os 7 sacramentos: *"Aquele que disser que os sacramentos da nova lei não foram instituídos em sua inteireza por Jesus Cristo; ou que há mais do que sete ou mais do que esse número, ou, ainda, que afirmar que um dos sete não é verdadeira e propriamente um sacramento, seja excomungado"* (7ª sessão, 3 de março de 1547). Escreve-se o missal para buscar corrigir a "bagunça" litúrgica de então, e se confirma a necessidade do celibato para o exercício do ministério ordenado. Para garantir a boa formação dos presbíteros se cria também os seminários. Enfim, ele fez uma boa arrumação.

A Igreja, agora reformulada, segue o seu caminho. O período pós-concílio irá conhecer nomes de grande importância para a continuidade do projeto de Jesus Cristo: Santa Teresa d'Ávila (1515-1582); São João da Cruz (1542-1591); São Francisco de Sales (1567-1622), que irá propor uma espiritualidade voltada mais para os leigos que começam a ser esquecidos. Dizia Francisco de Sales: *"Trata-se de um erro, assim como de uma heresia, querer banir a vida devota da companhia dos soldados, do ateliê dos artesãos, da corte dos príncipes, do lar das pessoas casadas... Onde quer que nos encontremos, podemos e devemos aspirar à vida perfeita.*" (*Introdução à vida devota*); por fim, citamos ainda São Vicente de Paulo (1581-1660), que viveu, como poucos, a opção preferencial pelos pobres, como se pode notar em um dos seus escritos: "*Há quem se deleite com sua imaginação inflamada, quem se contente com os doces encontros que tem com Deus na oração – e estes até mesmo falam como anjos –, mas que, ao saírem do local de oração... pobrezinhos! quando é hora de trabalhar para Deus, de sofrer, de se mortificar, de instruir os pobres, de procurar as ovelhas desgarradas, de amar o fato de padecer de alguma privação, de aceitar as moléstias ou quaisquer outras desgraças, desaparecem; a coragem lhes falta. Não! Não!, não nos enganemos mais: 'Toda a nossa obra reside na ação'*".

Contudo, como já indicamos, com o passar do tempo, muitos dirigentes eclesiais não perceberam a necessidade de adaptações e mudanças que se faziam necessárias para continuar a anunciar a Boa-Nova de Jesus Cristo no meio do mundo. A Igreja já precisava de mudanças no século XIX. No final deste referido século o Papa Leão XIII tentou algumas. Porém, apesar das tentativas de Leão XIII, cuja Encíclica *Rerum Novarum* (Sobre as coisas novas) é o grande símbolo, as mudanças só chegaram ao Concílio Vaticano II (1962-1965).

5.11. Do Concílio de Trento ao Vaticano II

Sem dúvida o Concílio de Trento retomou a organização da Igreja para dar prosseguimento à tarefa de evangelizar. No entanto, como foi visto, não conseguiu restaurar a unidade cristã. A partir de então o cristianismo prosseguirá dividido até os dias de hoje. O protestantismo com suas diversas ramificações de um lado, e o catolicismo por outro. O movimento ecumênico, nascido no seio protestante, vem tentando retomar a unidade, obviamente não mais centralizando o caminho cristão em uma única instituição. Porém as barreiras ainda são grandes, e é bom afirmar que, muitas vezes, a dificuldade é mais da parte dos católicos do que dos protestantes. Nós brasileiros, por não conhecermos bem o protestantismo histórico e sim o protestantismo pentecostal de influência norte-americana, que é bem pouco ecumênico, temos mais dificuldade na busca do ecumenismo.

Contudo, dando continuidade a nossa história, é bom lembrar que durante o século que Trento se realiza já está nascendo uma nova realidade cultural: *a cultura moderna*. Podemos afirmar que, de certa forma, a reforma protestante e o referido concílio já se inserem dentro deste novo contexto. Mas, como a modernidade ainda está em processo de desenvolvimento, a Igreja Católica não percebe o quanto esta nova realidade cultural impregna a mentalidade atual. Podemos dizer que até por volta do século dezoito (do ano 1700 em diante) não houve grandes problemas, mas quando a Igreja se deu conta da capacidade deste movimento cultural iniciou uma verdadeira guerra contra ele. Já o protestantismo, naturalmente não sem problemas, iniciou logo o debate com esta nova cultura.

Trento havia, de fato, restaurado a Igreja. Foi uma resposta tão bem dada que, de lá para cá, ainda existe dificuldade para modificar a postura eclesiológica ali confirmada. Porém, a cultura moderna continuou o seu processo de enraizamento e não pediu licença para entrar na vida das pessoas e, evidentemente, também dos católicos. Foi se fortalecendo um dualismo que já vinha de séculos, mas que agora é aprofundado, isto é, uma separação entre a vida cotidiana e a vida de fé. Como o católico precisa sobreviver, como qualquer ser humano, uma parte dos católicos constitui uma separação entre a vida e a fé na luta pela sobrevivência. Assim, pode-se dizer, como os modernos, tranquilamente: "amigos, amigos, negócios à parte", ou seja, a separação entre a ética e os princípios do Evangelho. É óbvio que este dualismo não influencia apenas o cristianismo católico. Ele está presente em várias concepções cristãs. Mas, como a nossa experiência se coloca, sobretudo, dentro da tradição católica, referimo-nos mais a ela.

É preciso lembrar que este dualismo só se faz presente porque não apresentamos com suficiente profundidade, no processo de iniciação cristã, o encontro com o Caminho de Jesus Cristo. Caminho de inteira responsabilidade com a vida, pois acredita que a salvação é processo que começa na terra.

Foi se estabelecendo, ao longo desses séculos, uma grande crise, refletida nos diversos acontecimentos que se podem constatar na história e que aqui não temos condições de aprofundar. É o momento da expansão mercantil, das grandes navegações pelos mares, na qual o mundo europeu conquista novas terras. Chega-se às terras que se chamarão América (norte, central e sul), à África, e à já milenar Ásia, com sua cultura fortemente constituída. O confronto com novas realidades culturais, como as diversas civilizações que existiam na América Latina, nem sempre será amistoso. Uns poucos percebiam a necessidade de mudanças como um Pe. Anchieta no Brasil e Bartolomeu de Las Casas na América Central e Caribe.

Mas, enquanto a cultura moderna não toma corpo, não se perceberá com nitidez a extensão e a profundidade das mudanças. Contudo, ao chegar ao século XIX, o mundo está passando por um grande processo de ebulição e alguns tentam responder às transformações, como por exemplo aquela causada pela industrialização. Um bom testemunho é o de Frederico Ozanam (deu continuidade à obra de São Vicente de Paulo) que em 1848 afirmava: *"Ao dizer 'juntemo-nos aos bárbaros'* (assim muitos se referiam à nova classe social: os operários), *exijo que façamos como ele* (ele aqui é o Papa Pio IX que Frederico achava estar sintonizado com os operários), *que nos ocupemos do povo, que tem muitas necessidades e não muitos direitos, que reclama com razão uma participação mais completa nos assuntos públicos, garantias em favor do trabalho e contra a miséria, que tem maus chefes, mas não consegue encontrar bons..."*

No Concílio Vaticano I (1869-1870) não se iniciou o diálogo com o mundo moderno, ao contrário, continuou se condenando oficialmente. Mas, finalmente, no Concílio Vaticano II (1962-1965), a Igreja começa a pensar o seu processo evangelizador a partir desta nova realidade cultural. Todavia, este concílio é de extrema importância para merecer apenas um parágrafo. E, evidentemente, foi preparado durante muitos anos. Por isso, vamos dedicar um item apenas para este evento.

5.12. O Concílio Vaticano II (1962-1965)

"As alegrias e as esperanças, as tristezas e as angústias dos homens de hoje, sobretudo dos pobres e de todos os que sofrem, são também as alegrias e as esperanças, as tristezas e as angústias dos discípulos de Cristo. Não se encontra nada verdadeiramente humano que não lhes ressoe no coração... Portanto, a comunidade cristã se sente verdadeiramente solidária com o gênero humano e com sua história."

Assim começa a Constituição Pastoral *Gaudium et Spes* (GS – Alegria e Esperança), um dos 16 documentos formulados no Concílio Vaticano II. Depois de quase quatro séculos de uma Igreja constituída, basicamente, a partir de Trento, finalmente toma-se a decisão de iniciar um diálogo com o mundo moderno. Acabou a fase de "demonização" da modernidade. Agora chegou a hora de colocar em dia (*aggiornamento*) a Igreja, como dizia João XXIII, e se adaptar à nova realidade, porém com muita simplicidade, como o mesmo João XXIII indicou no discurso de abertura (11/10/62): *"...Nos nossos dias, porém, a Esposa de Cristo prefere usar mais o remédio da misericórdia que o da severidade: julga satisfazer melhor as necessidades de hoje mostrando a validez da sua doutrina que condenando erros... A Igreja Católica, levantando por meio deste Concílio o facho da verdade religiosa, deseja mostrar-se mãe amorosa de todos, benigna, paciente, cheia de misericórdia e bondade com os filhos dela separados".*

Foi, e continua sendo, um momento de fundamental importância para a Igreja Católica, tanto no século XX, bem como, agora, no século XXI. Contudo, apesar da abertura, podemos afirmar que o Concílio ainda está em fase de implantação. Parece que, passados alguns anos, pode-se constatar certo sentimento de saudade daquela Igreja anterior ao Concílio Vaticano II. No entanto, não existe mais volta.

Ou a Igreja implanta de vez as aspirações que brotaram dele, ou permanecerá como uma palavra que não pode ser compreendida no mundo de hoje. É verdade que existem na Igreja dimensões imutáveis, mas isso não justifica a necessidade de adequação aos novos tempos. E antes de buscar um Vaticano III é preciso retomar com vigor os 16 documentos do concílio do diálogo:

1. A Constituição dogmática *Lumem Gentium – LG*, sobre a Igreja e sua missão. 2. A Constituição dogmática *Dei Verbum – DV*, sobre a Revelação Divina, a Sagrada Escritura e seu estudo. 3. A Constituição pastoral *Gaudium et Spes – GS*, sobre a Igreja no mundo de hoje, o diálogo com o mundo moderno. 4. Constituição *Sacrosanctum Concilium – SC*, sobre a liturgia, que promoveu a celebração da Missa na língua de cada país. Em um contexto de certa banalização da rica liturgia católica este documento ainda é extremamente importante. 5. O *Decreto Unitatis Redintegratio – UR*, sobre o ecumenismo. 6. O Decreto *Orientalium Ecclesiarum – OE*, sobre as Igrejas Orientais Católicas. 7. O Decreto *Ad Gentes – AG*, sobre a atividade missionária da Igreja. 8. O Decreto *Christus Dominus – CD*, sobre o ofício pastoral dos Bispos na Igreja. 9. O Decreto *Presbyterorum Ordinis – PO*, sobre o ministério e a vida dos presbíteros. 10. O Decreto *Perfectae Caritatis – PC*, sobre a atualização da vida religiosa (ordens, congregações, etc.). 11. O Decreto *Optatam Totius – OT*, sobre a formação dos seminaristas. 12. O Decreto *Apostolicam Actuositatem – AA*, sobre o apostolado dos leigos. 13. O Decreto *Inter Mirifica – IM*, sobre os meios de comunicação social. 14. A Declaração *Gravissimum Educationis – GE*, sobre a educação cristã. 15. A Declaração *Dignitatis Humanae – DH*, sobre a liberdade religiosa. E, finalmente, o 16. A Declaração *Nostra Aetate – NA*, sobre as relações da Igreja com as religiões não cristãs.

Mesmo levando em consideração o contexto sob o qual estes documentos foram escritos a sua intuição fundante continua válida. Eles devem ser um ponto de partida progressivo, pois nos permitem, em consonância com a Tradição, buscar caminhos pelos quais homens e mulheres possam reconhecer o rosto amoroso e salvador do Cristo no meio da confusão e do barulho moderno.

5.13. A Igreja e o mundo de hoje

Aos irmãos e irmãs, leitores e leitoras que nos acompanharam ao longo dessas reflexões de iniciação à teologia, queremos deixar um desafio. Procuramos mostrar, através da reflexão teológica, aquilo que é essencial no Caminho do cristianismo. Porém, não basta saber. O grande desafio é continuar a missão deixada por Jesus Cristo. É esta a missão da Igreja. Porém, aqui queremos ressaltar o desafio que se apresenta a todos(as), em toda parte, que buscam fidelidade, no mundo de hoje, ao Projeto de Reino de Deus: dialogar com o mundo moderno/pós-moderno sem perder a identidade.

A Boa Notícia de Jesus (Evangelho) é sempre atual. No entanto, esta atualidade só é percebida se os(as) missionários(as) se tornam capazes de articular o presente com o passado. Não basta repetir fórmulas prontas. Como dizia um grande cristão católico brasileiro, o professor Paulo Freire, falecido em 1997, a palavra do Cristo *não é som que voa: é PALAVRAÇÃO*. Continuando ainda a repetir Paulo Freire: *"Não posso conhecer os Evangelhos se os tomo como palavras que puramente 'aterrissam' em meu ser ou se, considerando-me um espaço vazio, pretendo enchê-lo com elas... Pelo contrário, conheço os Evangelhos, bem ou mal, na medida em que, bem ou mal, os vivo"*. E para tornar a Palavra uma ação transformadora de nossas vidas na direção da plenitude, é preciso entender e dialogar com o mundo no qual estamos vivendo a Palavra. Um mundo urbano, com grandes cidades e metrópoles. Cidades como as da Baixada Fluminense, onde o autor deste livro vive, que se parecem mais com um aglomerado de gente do que um conjunto bem organizado de vida humana. É preciso entender o mundo e não demonizá-lo. Na grande cidade estamos diante de seres humanos fatigados, massacrados pelo trabalho ou angustiados pela falta dele, atingidos por inúmeros interesses e preocupações. O número de relações sociais é muito mais complexo do que a vizinhança. Até mesmo as relações de parentesco já não possuem a mesma referência. Assim sendo, é preciso muita serenidade para não cair logo numa atitude de condenação. É interessante como facilmente esquecemos aquela atitude acolhedora de Jesus de Nazaré que não manda a samaritana embora, que não se afasta dos publicanos e pecadores. Como esquecemos que também nós somos "doentes" e precisamos do "médico" Jesus Cristo. Quanta dificuldade para perceber a humanidade dos homossexuais, das prostitutas, dos encarcerados, etc. Defrontamo-nos hoje com todo o movimento de emancipação e de valorização da mulher, onde ela conquista cada vez mais espaços na organização da vida na cidade moderna. Muitas das comunidades católicas na Baixada Fluminense estariam fechadas se não fossem por elas.

Enfim, com estas indicações o que se buscou foi alertar um pouco mais a Comunidade Eclesial para este novo momento em que estamos vivendo, momento complexo, cheio de nuanças e que não pode ser avaliado apressadamente. Nossa intenção foi a de contribuir na busca da identificação de uma proposta salvadora que fale de modo atraente e contagiante para as pessoas de nossa época. Salvação que nos redime não de um pecado que não sabemos qual foi, mas de nossa falta de capacidade de nos autossalvar. Quando confiamos exageradamente, em meio a nossa prepotência, na nossa força, em nosso poder, produzimos guerras e miséria. E aqui se pode constatar que, mesmo para aqueles e aquelas que não acreditam em Deus, a autoconfiança exagerada no poder humano conduziu a história a muitas atrocidades. Não é Deus o responsável e sim o ser humano em sua arrogância.

O cristianismo precisa se comunicar com pessoas concretas, com suas alegrias e tristezas, e não com clientes. É preciso lançar um olhar carinhoso sobretudo para aqueles e aquelas que estão excluídos pelo sistema para que tenhamos um "Novo Milênio sem Exclusões", como profetizou a Campanha da Fraternidade do ano 2000. Costumava dizer, quando ministrava palestras nas comemorações do Jubileu, que esperava que o papa do final do terceiro milênio não tivesse que repetir o gesto do

João Paulo II: pedir perdão pelos nossos erros e omissões. Jesus Cristo é o Senhor da vida. O trabalho pastoral na Igreja deve assumir esta verdade fundamental, impregnando nossa cultura e ajudando para que ela seja humanizada.

Lembremos que Jesus Cristo não veio para competir com outras denominações religiosas, para atrair fiéis para a futura Igreja que surgiria depois dele, mas para nos anunciar o amor de Deus pela sua criação. Um amor que é mais forte do que a morte. Um amor que é capaz de chegar à radicalidade de estar conosco na cruz para proclamar, pela ressurreição, que só o bem vence o mal: *Jesus veio para fazer uma declaração de amor de Deus aos seres humanos.*

Sugestões bibliográficas

Um texto simples, mas com bastante densidade e que faz uma boa análise da história do cristianismo, pode ser encontrado em Jean COMBY: *Para ler a história da Igreja*, vol. 1 e 2 (São Paulo: Loyola, 1993).

E, mesmo sendo produzido na década de 1960, não se pode deixar de verificar os textos do Concílio Vaticano II: *Compêndio do Vaticano II* (Petrópolis: Vozes, 2003, 29. ed.).

Conclusão geral

*E quem vos há de fazer mal, se sois zelosos do bem? Mas se sofreis por causa da justiça, bem-aventurados sois! Não tenhais medo de nenhum deles, nem fiqueis conturbados; antes, santificai a Cristo, o Senhor, em vossos corações, **estando sempre prontos a dar razão da vossa esperança** a todos aqueles que vo-la pedem; fazei-o, porém, com mansidão e respeito, conservando a vossa boa consciência, para que, se em alguma coisa sois difamados, sejam confundidos aqueles que ultrajam o vosso bom comportamento em Cristo, pois será melhor que sofrais – se esta é a vontade de Deus – por praticardes o bem do que praticando o mal"* (1Pd 3,13-17).

No final do último capítulo já foi realizada uma abordagem conclusiva. Porém, na certeza de que "o nosso conhecimento é limitado, e limitada é a nossa profecia" (1Cor 13,9), gostaríamos de encerrar este pequeno opúsculo com um convite. Convite que se dirige mais aos leitores e leitoras que compartilham comigo a fé cristã: não deixem de dar as razões de sua fé. O cristianismo, neste contexto moderno/pós-moderno, precisa de teologia. Estamos vivendo um momento de muita superficialidade, e como dizia o Papa Paulo VI, no n. 20 da *Evangelii Nuntiandi:* "...importa evangelizar – não de maneira decorativa, como que aplicando um verniz superficial, mas de maneira vital, em profundidade e isto até às suas raízes..." Por isso, é preciso não perder de vista o aprofundamento.

Em nossa prática pastoral temos encontrado pessoas que temem a teologia. Alguns chegam a dizer que com ela se corre o risco de perder a própria fé. Ora, se alguém perder a fé com a teologia é porque já não a tinha. Já no início, o cristianismo se apresentou como uma experiência de fé que une razão e emoção. Unidade tipicamente humana, portanto impossível não se fazer. O Novo Testamento é o melhor exemplo. Mesmo sendo texto inspirado nele se percebe, como diz o teólogo Bruno Forte, uma **teologia fonte**. Por que quatro evangelhos? Por que a comunidade do início não sintetizou tudo em um só? Certamente porque em cada situação se fazia necessário confirmar a experiência de encontro com o Ressuscitado. Santo Anselmo (século XI) dizia: "creio para compreender e compreendo para crer". Foi também Anselmo o autor de uma expressão que se usa até hoje nos estudos teológicos: *fides quaerens intellectum* (a fé buscando entender).

E ainda se faz necessário afirmar algo que vem sendo esquecido na reflexão teológica: somente no seguimento do Caminho de Jesus Cristo é que poderemos fazer, legitimamente, teologia cristã. Na perspectiva do Reino de Deus, realizado por Jesus como Servo, é que devemos articular a salvação, efetivada por Ele, com a vida concreta por nós experimentada. Que o cristianismo possa reencontrar aquela energia dos primeiros tempos que também o Papa Paulo VI pergunta por ela no início da *Evangelii Nuntiandi*, no n. 4: *"O que é que é feito, em nossos dias, daquela energia escondida da Boa-Nova, suscetível de impressionar profundamente a consciência dos homens?"* Este é o nosso desafio no terceiro milênio: testemunhar, de novo, que **Jesus Cristo é o Caminho, a Verdade e a Vida**. Assim testemunharam cristãos como: Martin Luther King, Dom Oscar Romero e Madre Teresa de Calcutá no século XX.

CULTURAL
Administração
Antropologia
Biografias
Comunicação
Dinâmicas e Jogos
Ecologia e Meio Ambiente
Educação e Pedagogia
Filosofia
História
Letras e Literatura
Obras de referência
Política
Psicologia
Saúde e Nutrição
Serviço Social e Trabalho
Sociologia

CATEQUÉTICO PASTORAL
Catequese
Geral
Crisma
Primeira Eucaristia

Pastoral
Geral
Sacramental
Familiar
Social
Ensino Religioso Escolar

TEOLÓGICO ESPIRITUAL
Biografias
Devocionários
Espiritualidade e Mística
Espiritualidade Mariana
Franciscanismo
Autoconhecimento
Liturgia
Obras de referência
Sagrada Escritura e Livros Apócrifos

Teologia
Bíblica
Histórica
Prática
Sistemática

REVISTAS
Concilium
Estudos Bíblicos
Grande Sinal
REB (Revista Eclesiástica Brasileira)

VOZES NOBILIS
Uma linha editorial especial, com importantes autores, alto valor agregado e qualidade superior.

PRODUTOS SAZONAIS
Folhinha do Sagrado Coração de Jesus
Calendário de mesa do Sagrado Coração de Jesus
Almanaque Santo Antônio
Agendinha
Diário Vozes
Meditações para o dia a dia
Encontro diário com Deus
Guia Litúrgico

VOZES DE BOLSO
Obras clássicas de Ciências Humanas em formato de bolso.

CADASTRE-SE
www.vozes.com.br

EDITORA VOZES LTDA.
Rua Frei Luís, 100 – Centro – Cep 25689-900 – Petrópolis, RJ
Tel.: (24) 2233-9000 – Fax: (24) 2231-4676 – E-mail: vendas@vozes.com.br

UNIDADES NO BRASIL: Belo Horizonte, MG – Brasília, DF – Campinas, SP – Cuiabá, MT
Curitiba, PR – Fortaleza, CE – Juiz de Fora, MG – Petrópolis, RJ – Recife, PE – São Paulo, SP